하루 종일 즐거운
스마트폰 생활

갤럭시s
&안드로이드폰
완전정복

이비락 樂

하루종일 즐거운 스마트폰 생활

갤럭시s & 안드로이드폰
완전정복

초판 1쇄 발행 2010년 11월 30일

지은이   김진호

펴낸곳   도서출판 이비컴
펴낸이   강기원
디자인   이승현
편 집   오미화
마케팅   김동중 · 이은미
홍 보   예술배달부 이근삼

주소   130-811 서울시 동대문구 신설동 96-24 세원빌딩 402호
대표전화 (02) 2254-0658 • 팩스 (02) 2254-0634
전자우편 help@bookbee.co.kr

등록번호 제 6-0596호 • 등록일자 2002.4.9 • ISBN 978-89-6245-050-7 (13000)
웹사이트 http://www.bookbee.co.kr

이 도서의 국립중앙도서관 출판시도서목록(CIP)은 e-CIP 홈페이지
(http://www.nl.go.kr/cip.php)에서 이용하실 수 있습니다.(CIP제어번호: 2010004151)

Preface

2009년 마이크로소프트사의 윈도우 모바일(Windows Mobile) 기반의 스마트폰이 주류였던 국내 시장에 태풍이 몰아친 한 해였습니다. 가장 큰 주목을 받았던 애플사의 아이폰 3Gs를 비롯하여, 삼성전자, LG전자, HTC 등 많은 제조사에서 안드로이드 OS(Android OS) 기반의 스마트폰을 대거 출시했기 때문입니다.

예전에는 길거리에서 스마트폰을 사용하는 사람을 만나면 너무나 반가워서 나도 모르게 말을 걸게 되는 일도 있었고, 특수한 직업을 가진 사람으로 오해를 받는 경우도 더러 있었습니다. 요즘은 스마트폰을 구입하는 비율이 30%를 넘어, 스마트폰을 사용하는 사람을 세는 것 자체가 무의미할 정도로 스마트폰 사용 붐이 일어나고 있습니다.

하지만, 스마트폰을 처음으로 구입하여 사용하다 보면, 복잡한 사용법 때문에 스마트폰이 스마트한 휴대 전화가 아니라 오히려 더 짜증나는 멍텅구리 휴대 전화로 전락해 버리는 경우도 많이 볼 수 있습니다. 인터넷에 들어가서 뭔가 물어보고 싶어도 무엇을 물어봐야 할지조차 알 수 없는 답답함에 눈물이 앞을 가리기도 합니다.

이 책은 그런 분들을 위해 쓰게 된 책으로써 스마트폰, 특히 그 중에서도 주류로 부상하고 있는 안드로이드폰에 대해서 이야기하고 있습니다. 이 책을 보면서 여러분은 스마트폰이 도대체 무엇을 할 수 있는지, 왜 스마트폰을 똑똑하다고 하는지 느낄 수 있을 것입니다. 그리고 그 똑똑한 스마트폰을이 내가 마음 먹은대로 움직이도록 손쉽게 다루는 방법도 배울 수 있습니다. 어쩌면 조만간 저처럼 스마트폰의 매력에 빠져 헤어 나오지 못하는 자신의 모습을 발견할지도 모릅니다.

스마트폰의 세계는 여러분이 이제껏 경험하지 못한 무궁무진한 세계입니다. 이 흥미로운 스마트폰 세계에 들어 오신 여러분을 환영하며, 마음껏 즐기시기 바랍니다.

마지막으로, 언제나 제게 놀라운 어드바이스로 도움을 주는 누구보다도 의지가 되는 그 분과 토요일마다 마감에 시달리면서도 멋진 작품을 완성하신 란네짱, 항상 향긋한 커피와 고소한 베이글을 맛볼 수 있게 해 주시는 게으른 고양이님, 쉬지 않고 빙글빙글 돌아가는 토템으로 집필에 힘을 더해주신 영주님, 그리고 안드로이드폰 출시되자마자 샀다가 선배들에게 강탈당해 이리저리 실험당한 불쌍한 우리 팀 막내가 없었다면 이 책은 세상에 나오지 않았을 겁니다. 그리고 이 책을 출판하는데 물심양면 지원을 아끼지 않은 많은 분들께 가슴 깊은 고마움을 전합니다.

저자 김 진 호 (ceo@infrev.com)

Contents

갤럭시s & 안드로이드폰 완전정복

 갤럭시 S와 함께하는 멋진 하루

Contents

CHAPTER 9 내게 맞게 안드로이드폰 설정하기 · · · ·247

잠들기 전 보는 만화 한 컷의 즐거움
내일의 주가는 어떻게 될까?
양을 몇 마리까지 세어야 잠이 들까?

자정 - 취침

지하철 막차 체크하기
버스에서 졸릴 때는 도착 알람 서비스를!
트위터로 소셜 인맥들과 친분쌓기
귀가길에 보는 TV드라마

PM 10:00 - 귀가

SMART

TV에 소개된 맛집을 찾아라!
내가 다녀간 곳을 찜해 두는 애플 활용
주변 카페 검색
카페에서 기다리는 시간에 기타연주로 킬링타임

PM 7:00 - 저녁 식사

PM 5:00

미리 미리 챙기는 공연 정보
영화 정보도 보고 예매까지!
쇼핑몰에서 꽃다발 이벤트 준비해볼까?

PM 5:00 - 데이트 약속

뇌파를 자극하는 소리로 업무에 집중을!
티 타임에 듣는 피아노 연주곡

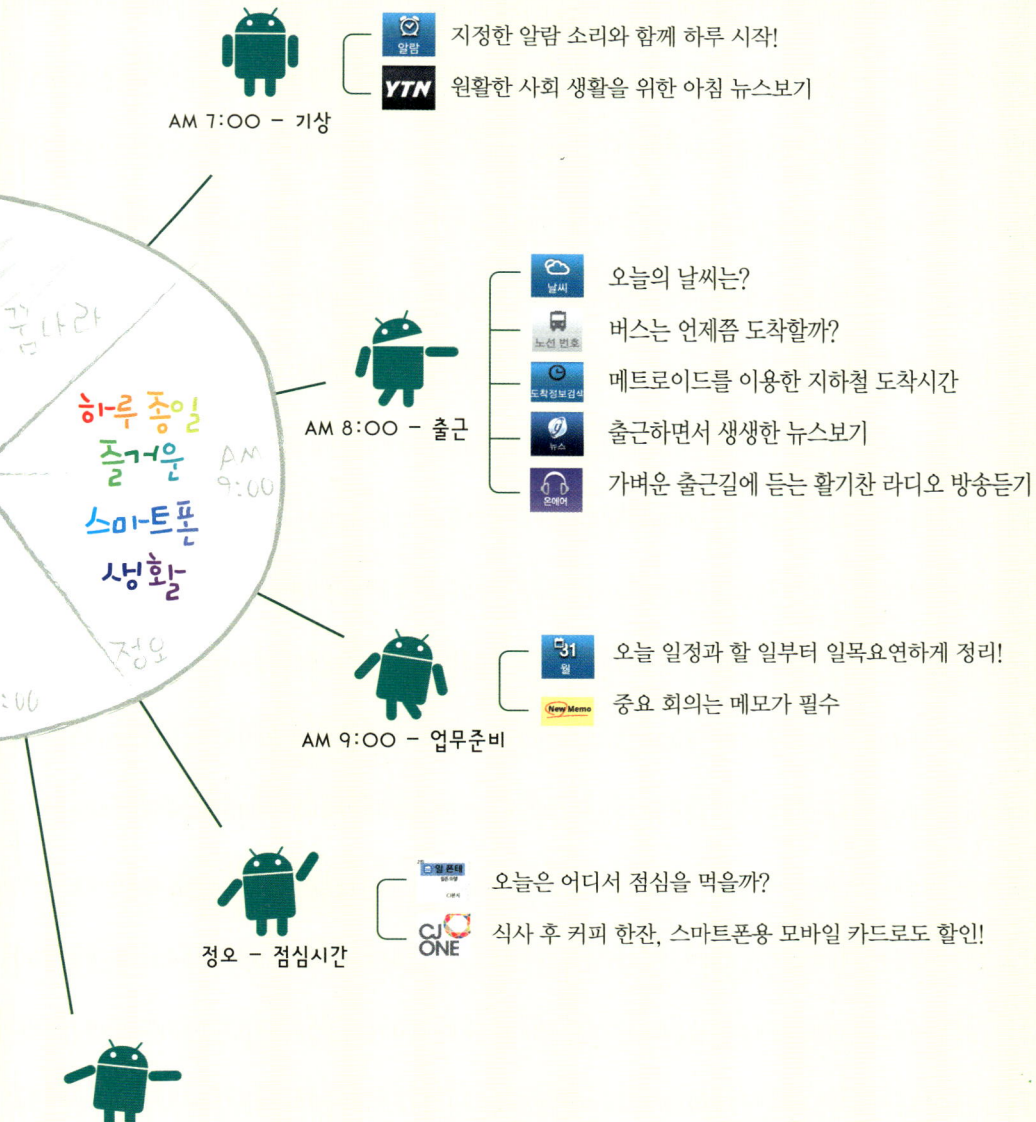

지정한 알람 소리와 함께 하루 시작!

원활한 사회 생활을 위한 아침 뉴스보기

AM 7:00 - 기상

꿈나라

하루 종일
즐거운
스마트폰
생활

AM 9:00

정오

:00

오늘의 날씨는?

버스는 언제쯤 도착할까?

메트로이드를 이용한 지하철 도착시간

출근하면서 생생한 뉴스보기

가벼운 출근길에 듣는 활기찬 라디오 방송듣기

AM 8:00 - 출근

오늘 일정과 할 일부터 일목요연하게 정리!

중요 회의는 메모가 필수

AM 9:00 - 업무준비

오늘은 어디서 점심을 먹을까?

식사 후 커피 한잔, 스마트폰용 모바일 카드로도 할인!

정오 - 점심시간

PM 2:00 - 나른하고 졸림

갤럭시 S와 함께하는 멋진 하루

갤럭시 S는 이전의 다른 휴대 전화와 달리 모든 일들을 보조할 수 있는 비서로서의 기능을 갖추고 있습니다. 아침 일찍 일어나는 것부터 시작하여 그 날을 마무리하는 일까지 갤럭시S가 선사하는 멋진 하루를 쫓아가 보겠습니다.

🤖 오전 7시 – 기상

잠자리에서 무거운 몸을 일으킬 때부터 갤럭시 S는 큰 힘을 발휘합니다.

갤럭시 S의 [알람/시간] 아이콘을 누르면 알람을 설정할 수 있습니다. 알람 시간을 분 단위로 설정할 수 있을 뿐만 아니라 반복 패턴과 알람 이름, 스누즈(Snooze) 기능 등을 통해 입맛대로 원하는 형태의 알람을 준비할 수 있습니다.

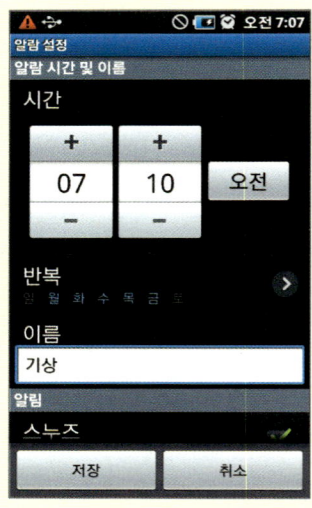

여러 개의 알람을 동시에 관리할 수 있으므로, 요일이나 시간 패턴에 맞춰 다양한 알람을 설정해 두면 매우 편리합니다.

지정한 시간이 되면 어김없이 울리는 경쾌한 알람 소리와 함께 하루를 시작할 준비를 해 봅시다.

❶ [X] 오른쪽으로 당기면 알람이 멈춥니다.
❷ [zZ] 왼쪽으로 당기면 스누즈 시간 후에 다시 알람이 울립니다.

아침 식사를 하면서 뉴스를 듣는 것은 사회 생활을 보다 윤택하게 만들어 줍니다. [YTN]의 뉴스 방송을 실시간으로 볼 수 있습니다.

오전 8시 - 출근

갤럭시 S의 각종 생활 기능을 이용하여 보다 편리한 출근 시간을 만끽할 수 있습니다.

갤럭시 S에서 제공하는 [날씨] 애플리케이션을 사용하여 오늘의 날씨를 미리 확인하고 집을 나서면 도중에 소나기를 만나 곤란해지는 일을 막을 수 있습니다.

[서울 버스]와 같은 실시간 버스 운행 정보 앱을 사용하면 무작정 내가 탈 버스를 기다리는 일을 피할 수 있습니다.
버스 대신 지하철을 탄다면 [Metroid]를 살펴보세요.

 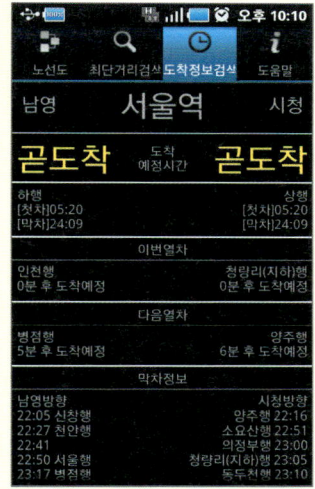

너무 급하게 뛰어 오다가 지하철역 입구에서 무료 신문을 집어 오는 것을 잊으셨다구요? 걱정 마세요. [연합뉴스]의 생생한 뉴스를 사진과 함께 살펴볼 수 있으니까요.

[MBC 라디오 mini]를 사용하면 라디오를 들으며 출근할 수 있습니다.

오전 9시 – 업무 준비

회사에 도착하여 업무를 바쁘게 준비할 때도 갤럭시 S는 큰 힘이 됩니다.

[일정] 애플리케이션을 사용하여 하루의 일정과 할 일을 일목요연하게 사용할 수 있습니다. 특히 구글 캘린더와 연동이 되기 때문에 갤럭시 S와 PC에서 모두 일정을 관리할 수 있습니다.

하루의 일정을 시간대별로 일목요연하게 볼 수 있기 때문에, 업무 상 중요한 일정을 놓치는 일이 없어집니다.

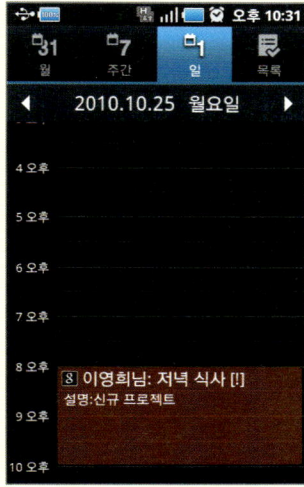

출근하지마자 이어지는 아침 회의… 무겁게 노트를 들고 갈 필요도 없고, 바로 컴퓨터와 연동되는 [위자드 메모] 하나면 충분합니다.

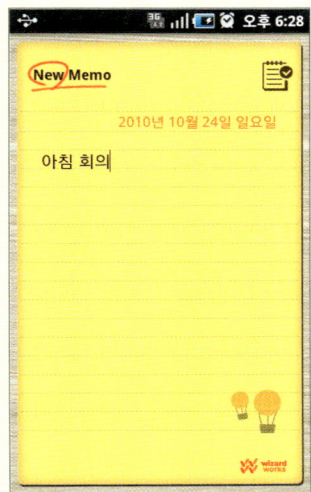

오후 12시 – 점심 시간

직장인에게 점심 시간은 가장 즐거운 시간이면서도 골칫거리라고 할 수 있지요. 매일매일 같은 것만 먹기도 지겹고, 그렇다고 맛집을 찾아다니기에는 1시간이라는 점심 시간은 너무 짧습니다. 이럴 때 갤럭시 S의 힘을 빌려 보세요.

[윙버스 서울맛집]을 이용하면 내 주변의 맛집 정보뿐만 아니라 방문객들의 평점과 리뷰를 살펴 볼 수 있습니다.

[지도보기]를 이용하면 편리하게 찾아갈 수 있으며, [전화걸기]로 바로 예약을 할 수도 있습니다.

점심 식사 후의 커피 한 잔. 이런 할인 카드를 안 들고 왔네요. 하지만 스마트폰에는 [CJ ONE] 애플리케이션이 있으니 걱정 없습니다.

오후 2시 – 나른하고 졸릴 때

점심도 먹어 배부르고 날씨도 따뜻해서 졸리는 오후 시간입니다. 이럴 때는 뇌파를 자극해서 머리를 맑게 해주면 남은 오후 시간이 행복하겠죠?

[Brain Tuner Lite]는 뇌파를 자극하는 소리를 들려주어 머리를 맑게 하거나 집중력을 높여 주는 애플리케이션입니다.

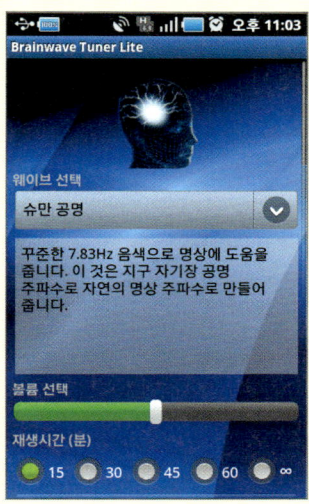

잠시 짬을 내어 티타임에 피아노 연주는 어떤가요? [xPiano]로 어디서나 연주를 할 수 있습니다.

오후 5시 – 데이트 약속

퇴근 1시간 전입니다. 오늘은 친구와 데이트가 있는 날이지요. 데이트를 위해 오랜만에 공연을 보기로 합니다.

[공연 정보] 애플리케이션을 이용하여 연극 공연 정보를 미리 알아보는 것은 센스 축에도 못 끼는 것 아시지요?
연극이나 콘서트가 아닌 영화라면 [CGV]에서 검색부터 예매까지 한 번에 할 수도 있습니다.

쇼핑몰 [11번가]에 들러서 꽃다발 선물도 골라봅니다.

오후 7시 – 저녁 식사

약속 시간에 늦지 않게 퇴근 후 바람같이 달려가야죠.

[야미야미]는 TV에서 소개된 맛집을 안내해 줍니다. 아무래도 TV에도 나온 곳이니 더욱 맛있겠죠?

야미야미의 [지도보기]는 내 위치에서 얼마나 떨어져 있는지도 알려줍니다.

자주 가는 곳이라면 Foursquare로 발도장을 찍는 것도 나중에 다시 찾을 때 도움이 많이 됩니다.

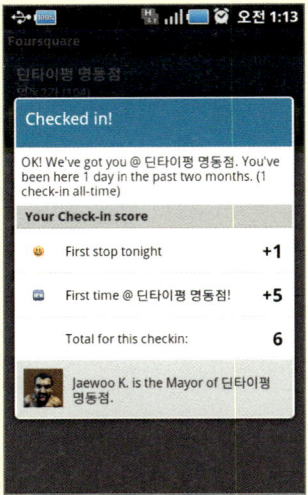

밥을 먹고 영화를 봤으면 차를 한 잔 해야
겠네요. 카페찾기로 주변의 카페를 검색
할 수 있습니다.

커피 한 잔에 센티해진 분위기를 기타로
살려 보는 건 어떨까요? [Solo Lite]가 있
다면 기타가 없어도 언제나 멋진 오빠가
될 수 있답니다.

오후 10시 - 귀가

귀가하는 길. 즐겁기도 하지만 피곤하기도 하죠.

막차를 타기엔 아직 이른 시간이지만, 만약 먼 곳으로 가는 열차를 타야 한다면 [지하철 노선도]를 통해 막차 시간도 꼭 알아두는 것이 좋겠죠?

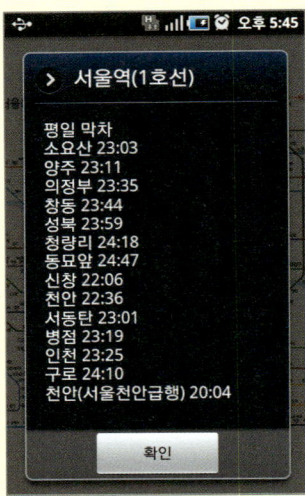

[Wake Up!]을 이용하면 내가 열차나 버스에서 내릴 정류장 근처에서 알람이 울리기 때문에 지나칠 걱정 없이 지하철이나 버스에서 실컷 졸 수 있습니다.

꾸벅꾸벅 조는 게 싫다면 [트위터]로 지인
들이 뭘 하고 있나 살펴 보는 것도 재미있
겠죠.

[TV] 애플리케이션으
로 밤마다 사람 속을
뒤집어 놓는 드라마를
보는 것도 좋구요.

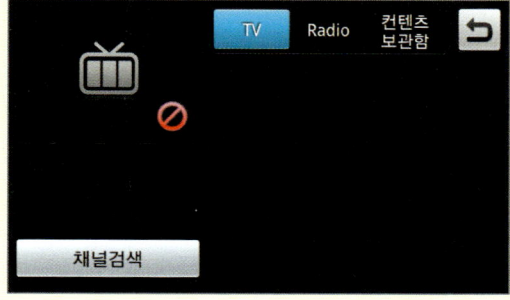

오후 12시 – 취침

이제 잠자리에 들어야 할 시간이네요.

자기 전에 즐거운 꿈을 꾸려면 네이버 웹
툰이 최고죠.

아! 증권통으로 주가도 확인은 해봐야겠네요.

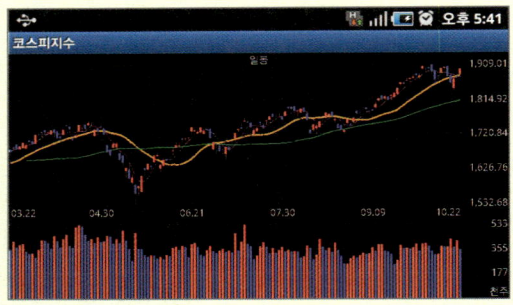

잠이 잘 오지 않는다면 Lullaby Sheep으로 양을 세어 보세요. 한 마리,
두 마리, 네 마리… 응?

오늘 하루도 갤럭시 S와 함께 이렇게 저물어 갑니다.

CHAPTER 1

스마트폰,
넌 어디에서 왔니?

스마트폰이란 무엇인지 알아보고 그 중에서 안드로이드폰에 대해
중점적으로 이야기해보겠습니다.

01 스마트폰이란

스마트폰은 말 그대로 "똑똑한Smart 전화Phone"입니다. 스마트폰을 처음 사용하는 사람들은 그 똑똑함에 큰 기대를 하고 스마트폰을 손에 넣게 되지요. 문서도 읽을 수 있고, 영화도 볼 수 있고, 주식 거래 같은 금융 업무도 볼 수 있다고 하니까요. 더군다나 영화를 보면 스마트폰으로 차도 원격으로 운전하고, 심지어는 도시 전체를 운영하기도 합니다. 그렇다면 스마트폰은 정말 뭐든지 다 할 수 있는 만능 기계일까요?

스마트폰이란 일반적으로 휴대 전화 크기의 소형 컴퓨터에 전화 기능이 추가된 것을 말합니다. 컴퓨터이기 때문에 우리가 일반적으로 사용하는 휴대 전화인 피처폰Feature Phone에 비해서 많은 일을 할 수 있지만, 반면에 작기 때문에 우리가 일반적으로 사용하는 컴퓨터에 비해서 할 수 있는 일이 부족하기도 합니다. 그러다 보니, 휴대 전화로 지금까지 하지 못했던 일들을 손쉽게 할 수 있어서 놀라는 사람들도 있고, 컴퓨터처럼 많은 일을 할 것이라고 기대했다가 실망하는 사람들도 있게 마련입니다.

하지만 스마트폰의 가능성과 한계를 정확히 알고 활용한다면 여지껏 경험하지 못했던 편리함과 즐거움을 만끽할 수 있습니다. 이 책을 차근차근 읽고 모든 기능을 하나씩 내 것으로 만들어 간다면 말이지요. 그럼 지금부터 본격적으로 똑똑한 스마트폰 만들기를 시작해 볼까요?

안드로이드 OS 기반의 갤럭시S와 모토그램, 디자이어 팝, 옵티머스 기종　애플 iOS 기반의 아이폰4G

최초의 스마트폰, 시몬

최초의 스마트폰은 IBM이 1992년에 컨셉 제품으로 출품한 시몬 (Simon)이라는 제품입니다. 이 제품은 휴대 전화일 뿐만 아니라, 주소록, 계산기, 메모장, 전자 우편 그리고 심지어는 게임까지 할 수 있었습니다. 키패드가 달려있지 않았지만 대신에 터치 스크린으로 문자를 입력할 수 있었기 때문에, 우리가 지금 현재 사용하고 있는 스마트폰의 모습을 이미 갖추고 있었습니다. 이 거대한 휴대 전화는 비록 당시에는 컨셉 제품일 뿐이었지만, 20년 전인 그 때 이 제품이 세상에 태어났기에 지금 우리가 스마트폰과 함께 생활할 수 있게 되었다 해도 과언이 아니겠지요.

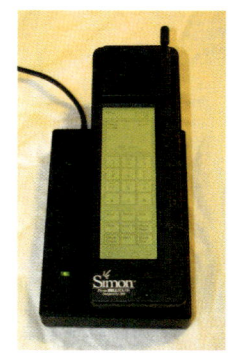

02 안드로이드 OS

앞에서 스마트폰이 소형 컴퓨터에 전화 기능이 추가된 것이라고 말씀드린 바 있습니다. 여러분이 집에서 사용하는 컴퓨터에 윈도우Windows나 리눅스Linux 같은 운영 체계가 설치되어 있듯이, 소형 컴퓨터인 스마트폰에도 운영 체계(OS)가 탑재되어 있습니다. 하지만 스마트폰은 우리가 일반적으로 사용하는 컴퓨터와는 다른 형태의 컴퓨터이기 때문에, 운영 체계도 일반적인 컴퓨터와 비

숫하긴 하지만 조금씩 다르기도 합니다. 예를 들면 윈도우와 비슷한 운영 체계로는 윈도우 모바일Windows Mobile이 있고, 아이폰과 아이팟에서는 맥에서 사용하는 맥 OS와 비슷한 iOS를 사용합니다. 그리고 리눅스와 비슷한 운영 체계로는 리모LiMo:Linux Mobile와 우리가 앞으로 살펴 볼 안드로이드 Android OS가 있습니다.

안드로이드 OS는 일반적으로 Google에서 만들었다고 알려져 있지만, 사실은 Google은 OS와 규격을 만들고 있을 뿐이고, 하드웨어적인 부분의 규격과 통신 규격 등은 Google을 중심으로 48개나 되는 하드웨어, 소프트웨어 그리고 통신 회사가 모여서 만든 OHAOpen Handset Alliance라는 단체에서 개발하고 있습니다. 안드로이드 OS는 2007년 11월에 휴대 전화용 운영 체제로는 최초로 무료로 공개되었으며, 지금도 모든 소스 파일이 무료로 공개되고 있습니다.

안드로이드 OS는 리눅스 기반의 공개된 운영 체계이기 때문에 누구나 쉽게 안드로이드 OS에서 동작하는 앱을 개발할 수 있고, 안드로이드 마켓을 통해 앱을 손쉽게 공개하거나 판매할 수 있습니다. Google의 크롬 브라우저와 호환되는 웹킷 기반의 웹 브라우저로 손쉽게 웹 서핑을 즐길 수 있

고, GPS, 가속도 센서, 나침반 센서 등을 이용한 지도 탐색, 증강 현실 여행도 만끽할 수 있습니다.

무엇보다도 많은 사람들이 사용하기 때문에 정보와 관련된 앱을 손쉽게 얻을 수 있고, 다른 사람들과 소통하는데 필수인 트위터, 페이스북 등의 SNS Social Network Service 를 손쉽게 사용할 수 있습니다. 또한 Google의 웹 서비스와 연계가 편리하기 때문에 메일, 연락처 관리 등 업무에 관련된 일들도 간편하게 해낼 수 있습니다.

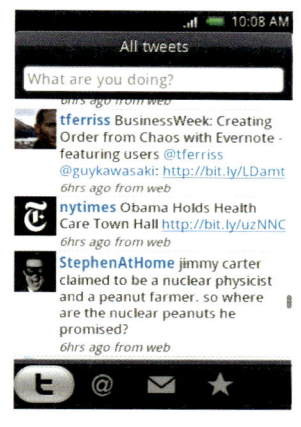

03 내게 맞는 안드로이드폰 찾기

국내에 첫 안드로이드폰이 선보인지 반 년밖에 되지 않았지만, 출시된 제품이 10종류가 넘을 정도로 그 인기는 폭발적입니다. 그러나 같은 안드로이드 OS를 사용하는 스마트폰이라고 할지라도 제조사와 미리 탑재되어 있는 안드로이드 OS의 버전에 따라 그 특성이 조금씩 다릅니다.

기본 하드웨어 성능

기본적으로 스마트폰은 일반적인 컴퓨터와 달리 하드웨어를 교체하는 업그레이드가 불가능합니다. 즉, 데스크탑 컴퓨터 보다는 노트북 컴퓨터와 비슷하다고 할 수 있습니다. 하드웨어 성능이 우수하면 우수할 수록 사용하기에 좋은 것은 사실이지만, 가격 역시 함께 오르기 때문에, 스마트폰을

사용하려는 목적을 잘 생각해 보고 목적에 가장 잘 맞는 가격대 성능비의
제품을 고르는 것이 좋습니다.

안드로이드 OS 버전

안드로이드 OS 휴대 단말용 운영 체계 중 변화가 가장 빠른 편에 속합니
다. 국내에 출시된 제품의 경우만 해도 초기 버전인 1.5 컵케이크부터 최
신 버전인 2.2 프로요를 탑재한 단말기 모두 판매되고 있을 정도니까요.
물론 최신 버전을 탑재한 제품을 구입하는 게 좋겠지만, 스마트폰은 소형
컴퓨터인 만큼 운영 체계를 업그레이드할 수 있기 때문에 가격을 보고 낮
은 버전의 단말을 고르는 것도 요령입니다. 물론 업그레이드가 가능하다
는 보장은 있어야겠죠.

안드로이드 OS의 코드 네임

대부분의 소프트웨어는 개발이 이루어지는 시점에는 실제 제품의 이름이
결정되지 않은 경우가 있습니다. 이런 경우 코드 네임Codename이라는 것을
붙이고, 이것으로 제품을 호칭하게 되는데요. 안드로이드 OS의 경우에는
이 코드 네임을 간식이름에서 따와서 붙이고 있습니다.

 안드로이드 1.5
부드럽고 달콤한 컵케이크
(Cupcake)

 안드로이드 1.6
쫄깃한 도넛(Donut)

 안드로이드 2.0/2.1
크림과 초컬릿의 조화가 환
상적인 이클레어(Eclair)

 안드로이드 2.2
시원하고 사르르 녹는 프로즌
요구르트(Froyo: Frozen Yogurt)

 안드로이드 3.0
달콤한 생강향이 일품인 진저브레드(Gingerbread)

입력 방식

안드로이드폰은 일반적으로 화면 상의 가상 키보드를 통한 입력 방식과 화면을 터치하는 터치 스크린 입력 방식을 사용합니다. 그런데 일부 제품은 화면에 가상 키보드를 보여주는 대신에 진짜 하드웨어 키보드가 내장되어 있는 경우도 있습니다. 하드웨어 키보드가 내장된 제품의 경우 아무래도 조금 더 크기가 크고 무겁지만, 반면에 훨씬 더 편하고 정확한 입력이 가능한 장점이 있습니다.

제조사 제공 애플리케이션

물론 안드로이드 OS에서 기본적으로 제공하는 애플리케이션도 완성도가 높고 매우 훌륭하지만, 각각의 제조사가 자신들의 제품을 위해 추가적으로 애플리케이션을 개발하여 함께 제공하는 경우가 많습니다. 또한 같은 기능을 가진 애플리케이션이라 하더라도 좀 더 편리하게 개량하여 제공하는 경우도 있습니다.

CHAPTER 2

자 이제 시작해 볼까요?

말로만 듣던 안드로이드폰을 구입하셨다면 안드로이드폰이 무엇이고, 어떻게 생겼는지 살펴보기로 합니다.

01 안드로이드폰과 첫 인사

안드로이드폰을 손에 쥐었다면 먼저 함께 들어 있는 설명서를 읽어 보는 것이 중요합니다. 이 책이 안드로이드폰을 멋지게 활용하기 위한 책이긴 하지만, 제품마다 다른 기능이나 문제 해결 방법은 다 설명할 수 없으므로 항상 설명서도 함께 읽어보는 습관을 들이는 것이 좋습니다.

01 안드로이드폰 전원 켜고 끄기

제품을 받았으면 먼저 설명서의 안내를 따라 USIM과 배터리를 삽입하고 전원을 켭니다. 전원을 켜는 방법도 제품마다 각양각색이므로 꼭 설명서를 읽어 보세요. 최근에 나오는 제품들은 전원 버튼이 따로 있는 경우가 많지만, 어떤 제품들은 전화 [종료] 버튼으로 켜는 경우도 있습니다.

전원을 끄기 위해서는 전원을 켤 때와 마찬가지로 [전원] 버튼을 길게 누르면 됩니다. 그러면 휴대전화 옵션 창이 열리게 되는데, 여기서 종료를 선택하면 전원이 완전히 꺼집니다. 아무 일도 하지 않고 휴대전화 옵션 창을 닫으려면 [이전] 버튼을 누르거나 창 바깥쪽의 반투명한 부분을 누릅니다.

휴대 전화를 끕니다.

tip

모든 안드로이드폰은 제조사와 모델에 따라 일부 화면과 기능이 다를 수 있습니다. 이 책에서는 기본적으로 안드로이드 표준 화면과 기능을 이용하여 설명하고 있으며, 제품별로 다른 부분 중에 중요한 차이점이 있을 경우 추가로 설명하는 방식을 사용하고 있습니다.

삼성 Galaxy S 등의 일부 제품에서는 좀
더 상세한 안내가 표시되는 경우가 있습
니다.

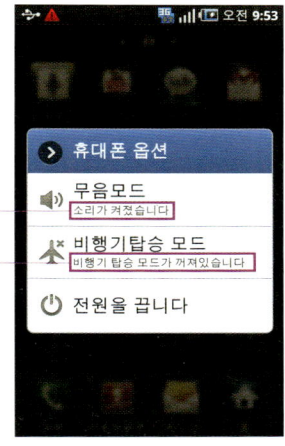

상세한 안내 표시가
있습니다.

02 기본적인 터치방법 알아보기

안드로이드폰처럼 터치 스크린을 이용한 제품은 여러 가지 방식으로 화면
을 조작할 수 있습니다.

 **누르기**(Tap)는 화면의 특정 지점을 손가락으로 살짝 눌렀다가
떼는 동작을 말합니다. 가장 많이 사용하는 동작이며, 일반적
으로 버튼을 누르거나 항목을 선택할 때 주로 사용하는 동작
입니다.

길게 누르기(Tap and Hold) 또는 **누르고 있기**는 화면의 특정 지점을 손가락으로 계속 누르고 있는 동작을 말합니다. 일반적으로 특정 항목에 대한 메뉴를 열 때 사용하는 동작입니다.

두 번 누르기(Double Tap)는 누르기를 두 번 연속으로 하는 동작을 말합니다. 안드로이드폰에서는 거의 사용되지 않으나 일부 애플리케이션에서 유용하게 사용할 수 있는 동작입니다.

끌기(Drag) 또는 누른 채로 움직이기는 화면의 특정 지점을 손가락으로 누른 상태에서 다른 지점으로 손가락을 움직이는 동작을 말합니다. 움직이는 방향에 따라 누르고 내리기 또는 누르고 올리기 등으로 표현되기도 합니다. 일반적으로 목록을 움직여 특정 항목을 찾거나 홈 같은 특정 화면에서는 화면 자체를 움직이는데 사용하는 동작입니다.

화면 잠그기(Screen Lock)

안드로이드폰은 기본적으로 터치 스크린을 가진 폰이기 때문에 가지고 다니다 보면 자기도 모르게 화면이 이리저리 눌리게 됩니다. 그러면 마음대로 전화도 걸리고, 엉뚱한 애플리케이션이 실행되기도 하죠. 그래서 사용하지 않을 때는 화면을 잠궈 두어야 합니다. 화면이 잠긴 상태에서는 특별한 조작을 해야만 다른 기능을 사용할 수 있게 됩니다. 화면을 잠그는 방법은 전원을 끄는 방법과 비슷한데 [전원] 버튼을 길게 누르는 대신에 살짝 눌러주면 됩니다. 전원 버튼을 다시 한 번 살짝 눌러주면 화면이 켜지는데, 화면은 여전히 잠겨 있는 상태이기 때문에 잠금을 해제해 주어야 합니다.

화면 잠금을 해제하려면 [잠금] 버튼을 누른
상태에서 오른쪽으로 밀어줍니다. 화면 잠금
화면은 모델마다 다를 수 있기 때문에 설명
서를 꼭 읽어 보세요.

잠금 버튼

삼성 Galaxy S에서는 화면 전체를 움직여서 잠금을 해제하여야 합니다.

02 안드로이드폰의 기본 화면 살펴보기

안드로이드폰의 UI(User Interface)는 일반적인 터치 폰의 UI와 크게 다르지 않습니다. 따라서 안드로이드폰을 처음 사용하는 사람도 마치 예전처럼 사용해 왔던 것처럼 금방 익숙하게 사용할 수 있습니다.

01 홈 화면

안드로이드폰의 첫 화면을 홈(Home)이라고 하는데, 컴퓨터의 바탕 화면에 해당하는 화면입니다. 컴퓨터의 바탕 화면과 마찬가지로 내가 자주 사용하는 애플리케이션을 등록해서 빠르게 실행할 수 있고, 위젯이라 불리는 특수한 기능을 하는 아이콘을 등록할 수도 있습니다.

좌우에 남은 홈 화면의 갯수를 표시합니다.

홈은 보통 다섯 개의 화면으로 이루어져 있으며, 화면을 좌우로 밀어 주면 양 옆의 홈 화면으로 이동할 수 있습니다.

하드웨어 버튼

안드로이드폰에는 전원 버튼 이외에 기본적으로 홈, 메뉴, 이전, 검색으로 구성된 4개의 하드웨어 버튼을 갖추고 있습니다. 이 버튼들은 기본적으로 미리 지정된 기능을 하기도 하고 상황에 따라서 다른 기능을 하기도 합니다.

안드로이드폰은 그 특성 상 화면으로 모든 조작을 할 수 없으며, 버튼이 함께 사용되어야 원하는 조작을 할 수 있기 때문에 버튼의 사용에 익숙해질 필요가 있습니다.

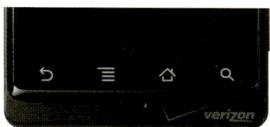

각각의 하드웨어 버튼은 다음과 같은 기능을 가지고 있습니다.

버튼의 모양이나 아이콘은 제품에 따라 다를 수 있으며, 제품에 따라 추가적인 기능을 제공할 수도 있습니다.

버튼	동작
홈(Home)	초기 화면으로 돌아갑니다. 홈에서 누르면 홈의 스냅샷이 표시됩니다. 길게 누르면 마지막으로 사용한 애플리케이션이 다시 실행됩니다.
메뉴(Menu)	현재 화면에서 사용할 수 있는 기능의 목록이 표시됩니다.
이전(Back)	이전 화면으로 돌아갑니다. 대화 상자, 설정 메뉴, 알림 창 또는 가상 키보드가 닫힙니다.
검색(Search)	빠른 검색을 사용할 수 있습니다. (삼성 Galaxy S 등 일부 제품에는 이 버튼이 없는 경우도 있습니다.)

상황에 따라 다른 기능을 하는 하드웨어 버튼의 동작에 대해서는 각각의
상황을 안내할 때마다 다시 설명하겠습니다.

03 알림/상태 표시 영역

화면 상단에는 현재 상태를 간략하게 표시해 주는 알림/상태 표시 영역이
있습니다. 알림/상태 표시 영역은 어넌시에이터(Annunciator)라고도 하
는데 이 영역을 통해 연결 상태, 통신 상태, 전원 상태, 그리고 시간을 확
인할 수 있습니다.

알림/상태 표시 영역의 아이콘에 대한 자세한 내용은 제품에 동봉된 설명
서에 자세히 설명되어 있으므로 꼭 읽어 보시기 바랍니다.

04 알림 창

알림 창을 통해 알림/상태 표시 영역의 알림
내용을 확인할 수 있습니다. 알림 창은 알림/
상태 표시 영역을 손가락으로 누른 상태에서
아래로 내리면 열립니다.

알림 창에서는 현재 휴대전화 서비스 상태
나 시스템 상태, 그리고 현재 실행 중인 백
그라운드 서비스를 확인할 수 있습니다.

현재 휴대전화 서비스 상태

현재 시스템 상태 및 실행 중인 백그라운드 서비스

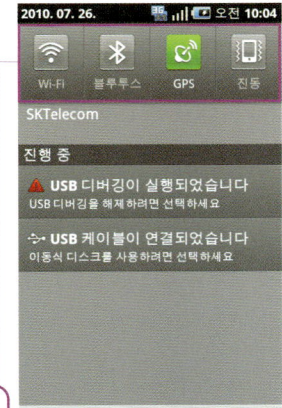

알림 창을 닫으려면 알림 창 아래의 손잡이
부분을 손가락으로 누른 상태에서 위로 올
리거나 [이전] 버튼을 누릅니다.

삼성 Galaxy S 등 일부 제품에서는 알림 창
에 현재 무선 연결 상태가 함께 표시됩니다.

무선 연결 상태

05 기본 메뉴

홈 화면에서 메뉴 버튼을 누르면 아래 그림
과 같이 홈의 내용을 편집하거나 장치의 기
본적인 설정을 변경할 수 있는 기본 메뉴가
나타납니다.

안드로이드폰에 있는 메뉴 버튼을
누르면 나타나는 기본 메뉴

기본 메뉴의 내용은 고정되어 있는 것이 아니라, 현재 실행되고 있는 애플
리케이션에 따라 모두 다릅니다. 그리고 홈과 같이 공통적인 부분의 경우
에도 사용하고 계신 제품마다 조금씩 메뉴가 달라지기도 합니다.
어떤 애플리케이션을 처음 실행했을 때 무엇을 어떻게 해야할지 모르겠다
면 일단 메뉴 버튼을 눌러 기본 메뉴를 열어 보는 것도 좋은 방법입니다.
각각의 애플리케이션에 따른 기본 메뉴의 사용 방법은 이 책의 나머지 부
분에서 안드로이드폰의 애플리케이션에 대해 소개할 때 다시 살펴보도록
하겠습니다.

06 상황에 따른 메뉴

상황에 따른 메뉴는 컨텍스트 메뉴(Context Menu)라고도 하는데, 앞에
서 설명했던 기본 메뉴와는 조금 다른 성격을 가지는 메뉴입니다. 기본 메
뉴가 애플리케이션에서 항상 사용하는 기능들을 모아둔 종합적이고 기본

적인 메뉴라면, 상황에 따른 메뉴는 특정 상황에서만 사용되는 기능들을 모아둔 특별하고 작은 메뉴를 말합니다. 상황에 따른 메뉴를 열기 위해서는 작업하려는 대상을 손가락으로 길게 누릅니다. 상황에 따른 메뉴가 존재하는 경우에는 메뉴가 열립니다. 반면에 메뉴가 없으면 아무 일도 일어나지 않거나 혹은 다른 작업이 실행될 수도 있습니다.

예를 들어, 홈 화면의 상황에 따른 메뉴는 홈 화면에 새로운 항목을 추가하거나 홈 화면을 꾸미기 위한 기능들이 모여 있는 메뉴입니다. 이와 같이 원하는 기능을 빠르고 편하게 실행할 수 있는 것이 상황에 따른 메뉴입니다.

홈 화면을 길게 터치하면 나타나는 메뉴

메인 메뉴

안드로이드폰에 설치되어 있는 애플리케이션을 실행할 수 있는 메뉴 화면입니다. 메인 메뉴를 여는 방법은 제품마다 조금씩 다르지만, 기본적으로 아래 그림처럼 메인 메뉴 아이콘을 잡고 끌어올리면 메인 메뉴가 딸려 올라옵니다.

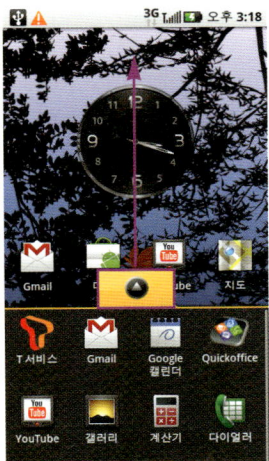

삼성 Galaxy S 등의 일부 제품에서는 메인 [메뉴] 버튼을 누르면 메인 메뉴 화면이 별도로 표시됩니다.

03 홈 화면을 꾸며 볼까요?

사람은 누구나 자신만의 독특한 취향을 가지고 있습니다. 그래서 대부분의 휴대 전화는 사용하는 사람의 개성 발휘를 위해 바탕 화면을 꾸밀 수 있는 기능을 제공합니다. 안드로이드폰도 예외는 아닌데요. 안드로이드폰의 홈 화면은 취향에 맞게 예쁘게 꾸밀 수 있을 뿐만 아니라 컴퓨터처럼 자주 쓰는 애플리케이션을 홈 화면에 배치하여 빨리 실행할 수 있도록 도와줍니다.

01 배경 화면 바꾸기

안드로이드폰은 일반적인 사진, 그림 등을 배경 화면으로 사용할 수 있을 뿐만 아니라 움직이는 라이브 배경 화면을 배경 화면으로 사용할 수 있습니다.
여기서는 그 중에 라이브 배경 화면을 배경 화면으로 설정하는 방법에 대해 살펴봅니다.

01. 홈 화면의 빈 공간을 길게 누릅니다.

홈 화면을 길게 터치

02. 홈 화면에 추가 메뉴에서 배경 화면을 선
택합니다.

03. 배경 화면 선택 메뉴에서 [라이브 배경 화
면]을 선택합니다.

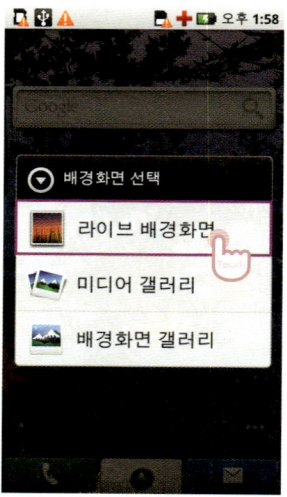

04. 원하는 배경 화면을 선택합니다. 여기서는
    [은하수]를 선택해 보겠습니다.

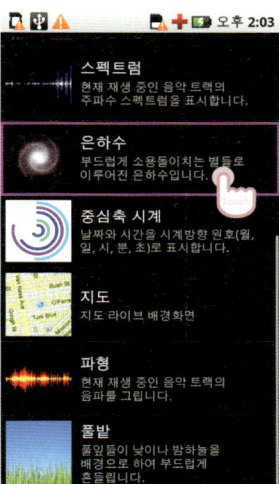

05. [배경 화면 설정] 버튼을 눌러서 배경 화면
    으로 지정합니다. 도중에 설정을 취소하려
    면 언제든지 이전 버튼을 누르면 됩니다.

06 배경 화면이 변경되었습니다.

02 바로가기 추가하기

바로가기(Shortcut)는 애플리케이션 또는 특정한 기능을 바로 실행하거나 열 때 사용하는 아이콘을 말합니다. 바로가기의 종류에는 애플리케이션 실행, 휴대폰 설정, 위치 정보, 음악 목록 등 여러 가지가 있으며, 그 중 가장 많이 사용되는 것이 애플리케이션, 즉 응용프로그램 실행 바로가기입니다.

바로가기

응용프로그램 바로가기를 홈 화면에 추가해 봅시다.

01. 홈 화면의 빈 공간을 길게 누릅니다.

홈 화면을 길게 터치

02. 홈 화면에 추가 메뉴에서 메뉴 바로가기를 선택합니다.

03. 메뉴 바로가기 선택 메뉴에서 [응용프로
그램]을 선택합니다.

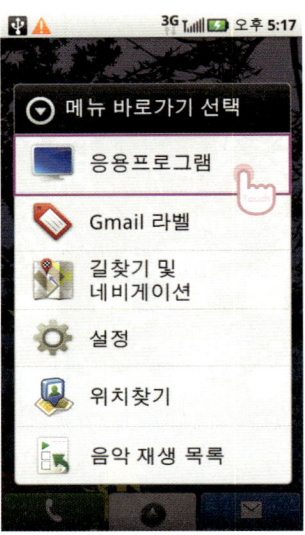

04. 활동 선택 메뉴에서 추가할 애플리케이
션을 선택합니다. 여기에서는 오피스 문
서를 볼 수 있는 [Quickoffice]를 선택
하였습니다.

05. 홈 화면에 바로가기가 추가되었습니다.

홈 화면에 추가된 아이콘

06. 홈 화면에 새로 추가된 바로가기의 위
치가 마음에 들지 않을 경우, 바로가기
를 손가락으로 길게 누르면 바로가기
주변에 녹색 상자가 그려지면서 바로가
기를 움직일 수 있게 됩니다.

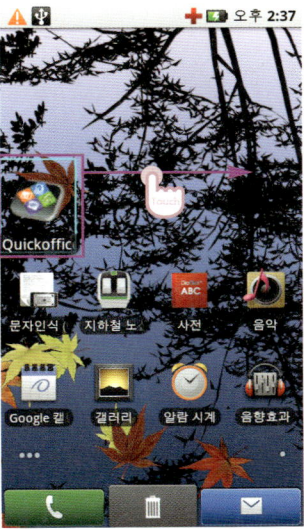

바로가기가 이동되었습니다.

07. 바로가기를 삭제하려면 바로가기를 옮기는 것과 같은 방법으로 바로가기를 선택한 다음, 화면 아래쪽에 있는 휴지통에 버립니다.

여기에 버립니다.

CHAPTER 3

안드로이드폰으로
전화와 문자 보내기

스마트폰은 컴퓨터와 비슷하게 여러 가지 일을 할 수 있지만, 역시 휴대 전화의 가장 중요한 기능은 전화 걸기와 문자 메시지 주고 받기, 그리고 연락처 관리겠지요.

01 전화 사용하기

안드로이드폰에서 전화를 사용하는 방법은 일반적인 휴대 전화와 거의 똑같습니다.

01 전화 걸기

전화를 걸기 위해서는 전화 화면으로 전환을 해야 합니다. 전화 화면은 전화 걸기 아이콘을 누르면 열립니다. 일부 제품에는 전화 걸기 하드웨어 버튼이 존재하는 경우도 있습니다.

전화 화면에서는 전화번호를 입력하여 전화를 직접 걸 수 있을 뿐만 아니라, 일반적으로 국내 제품의 경우 초성 검색과 전화번호 뒷자리 검색도 가능합니다. 또한 통화 기록 버튼과 주소록 버튼을 눌러 통화 기록과 주소록에서 직접 검색하여 전화를 걸 수도 있습니다. 전화 화면의 모양은 제품마다 다를 수 있습니다.

살짝 누르면 입력했던 번호가 한 자리씩 지워지며, 길게 누르고 있으면 모두 지워집니다.

전화를 겁니다.

키패드를 내립니다. 더 많은 검색 결과를 한 번에 볼 수 있습니다.

삼성 Galaxy S 등의 일부 제품에서 전화를 실행하려면 홈 화면에서 [전화 아이콘]을 누릅니다.

전화 화면의 모습은 제품마다 조금씩 다를 수 있지만, 기본적인 기능은 거의 동일합니다.

02 전화 받기

전화가 걸려 오면, 전화를 받거나 수신을 거부할 수 있습니다.

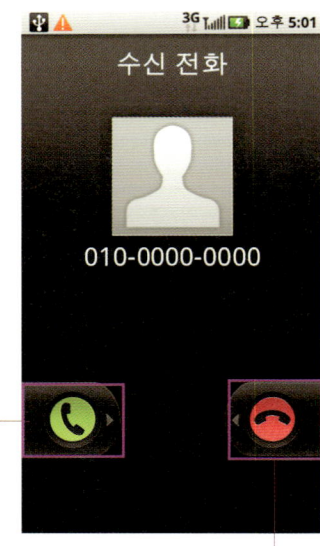

오른쪽으로 밀면 전화를 받습니다.

왼쪽으로 밀면 전화를 받지 않습니다.

02 문자 메시지 주고 받기

휴대 전화에서 전화를 걸고 받는 것보다 더 많이 하는 일이 바로 문자 메시지를 주고
받는 일입니다.

01 문자 메시지 보내기

문자 메시지를 보내는 방법부터 알아봅니다.

01. 메인 메뉴에서 [메시지 아이콘]을 눌러
서 메시지를 실행합니다. 홈 화면에 메
시지 바로가기가 있을 경우에는 바로가
기를 통해 바로 실행할 수도 있습니다.

02. 문자 메시지를 보내기 위해 [새 메시지]
를 선택합니다.

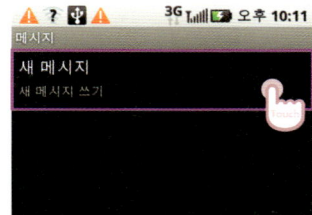

03. 메시지를 받는 사람을 입력합니다. 전화번호를 직접 입력할 수도 있고, 주소록에 저장된 이름을 직접 입력할 수도 있습니다. 이름이나 번호가 잘 생각나지 않을 때는 연락처 보기 버튼을 눌러 주소록이나 통화 기록에서 선택할 수도 있습니다. 주소록과 통화 기록의 사용 방법은 뒤에서 다시 다루겠습니다.

❶ 메시지를 받을 사람을 입력합니다.

04. 문자 메시지의 내용을 입력하고 [전송] 버튼을 누르면 메시지기 전송됩니다.

❷ 보낼 메시지를 입력합니다.

❸ 메시지를 전송합니다.

02 여러 사람에게 문자 메시지를 보내려면

여러 사람에게 문자 메시지를 보내는 방법은 제품마다 차이가 있습니다. 추가 버튼으로 입력을 할 수도 있고, 쉼표로 구분해서 여러 연락처를 입력하는 방법도 있습니다.

문자 메시지에 사진을 첨부해서 보내려면

문자 메시지를 작성할 때 사진이나 동영상을 첨부하여 멀티미디어 메시지
(MMS)를 전송할 수도 있습니다.

01 메시지 작성 화면에서 메뉴 버튼을 눌러 [첨부]를 선택합니다.

02 첨부 메뉴에서 첨부할 내용을 선택합니다. 여기서는 [사진]을 선택하였습니다.

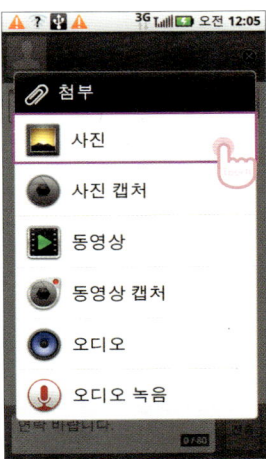

03. 미디어 갤러리에서 첨부할 [사진]을 선택합니다.

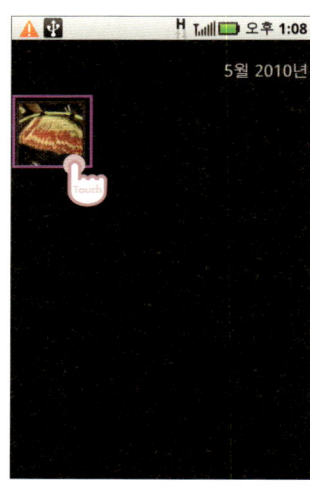

04. 첨부된 사진을 확인하고 멀티미디어 메시지를 전송합니다.

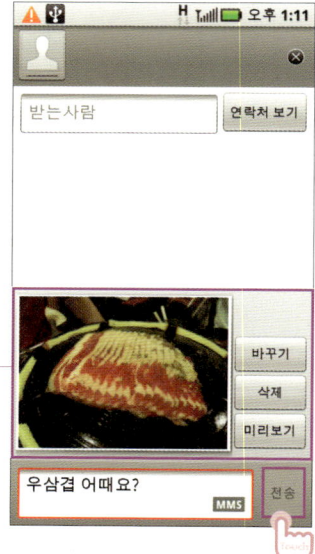

첨부된 사진

04 문자 메시지 받기

문자 메시지가 오면 상태/알림 영역에 문자 메시지 알림 아이콘이 표시되어 문자 수신 여부를 쉽게 알 수 있습니다.

01. 상태/알림 영역에 문자 메시지 알림 아이콘이 나타나면 상태/알림 영역을 손가락으로 누르고 아래로 끌어 내립니다.

> 문자 메시지 알림 아이콘

02. 문자 메시지 알림 내용을 선택합니다.

03. 메시지의 전체 내용을 확인할 수 있습니다.

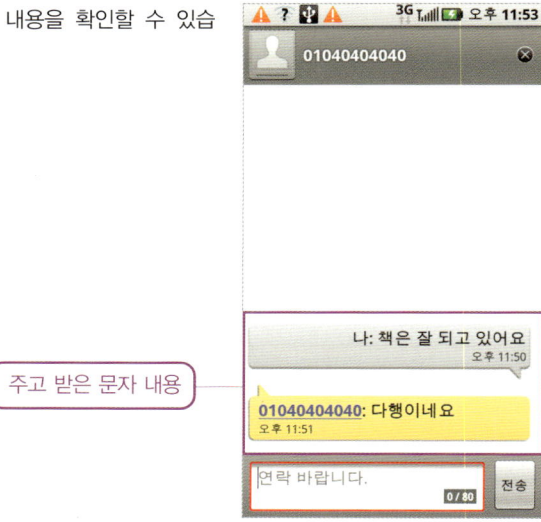

주고 받은 문자 내용

05 삼성 갤럭시 S 문자 메시지

삼성 Galaxy S의 경우 국내 실정에 맞게 변형된 문자 메시지를 제공합니다.

01. 홈 화면에서 [메시지 아이콘]을 누릅니다.

02. 문자 메시지 목록이 나타납니다. 메시지
의 내용을 확인하려면 [메시지]를 선택
합니다.

03. 메시지의 내용을 대화식으로 확인할 수
있습니다. 이 화면에서 문자 메시지에
곧바로 답장을 할 수도 있습니다.

❶ 받은 문자 메시지 내용

❷ 문자 메시지 답장 내용 입력

04. 문자 메시지를 새로 작성하려면 메시지
목록 화면에서 [메시지 작성] 버튼을 누
릅니다.

05. 문자 메시지를 수신할 사람을 직접 입력
할 수도 있고, 최근 기록이나 전화번호
부에서 선택할 수도 있습니다.

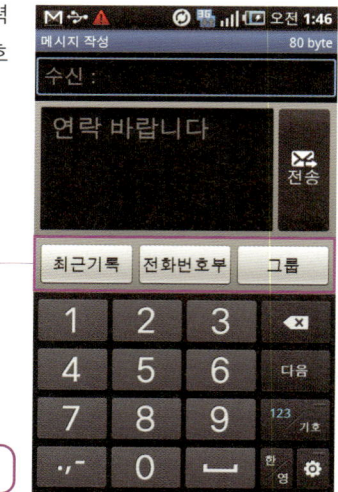

수신자 선택

06. 보낼 문자 메시지의 내용을 입력하고
    [전송] 버튼을 누르면 문자 메시지 작
    성이 완료됩니다.

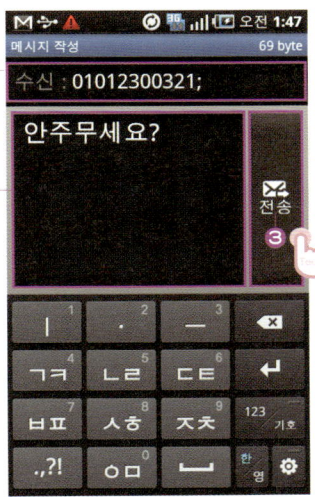

❶ 수신자 입력

❷ 문자 메시지 내용 입력

07. 화면 잠금 상태일 때도 안 읽은 문자
    메시지의 갯수를 확인할 수 있습니다.

안 읽은 문자 메시지 알림

03 주소록 활용하기

안드로이드폰에서는 전화번호와 메일을 포함한 모든 연락처를 주소록에서 관리합니다. 주소록에 저장된 연락처는 전화를 걸고 받을 때 뿐만 아니라 메일을 보낼 때와 문자 메시지를 보낼 때도 사용됩니다.

01 새 연락처 추가하기

새 연락처를 추가하는 방법에는 여러 가지가 있지만, 여기에서는 먼저 안드로이드폰에서 직접 입력하여 추가하는 방법에 대해 알아봅니다.

01. 메인 메뉴에서 [주소록 아이콘]을 눌러 주소록을 실행합니다. 홈 화면에 있는 주소록 바로가기를 누르거나 전화 화면에서 주소록 아이콘을 눌러도 주소록이 열립니다.

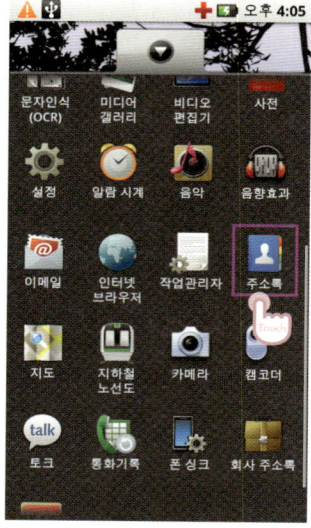

02. 메뉴 버튼을 누르고 [새 연락처]를 선택
합니다.

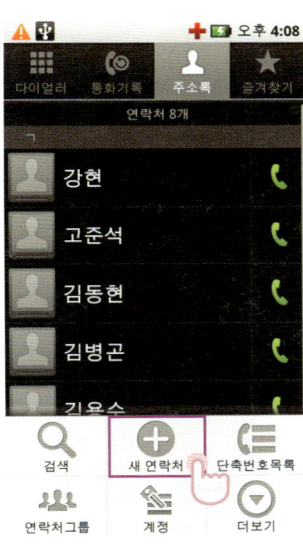

03. 이름과 전화번호, 이메일 등의 연락처
정보를 입력한 후, [완료] 버튼을 누릅
니다.

전화번호 입력 상자를 추가합니다.

전화번호 입력 상자를 삭제합니다.

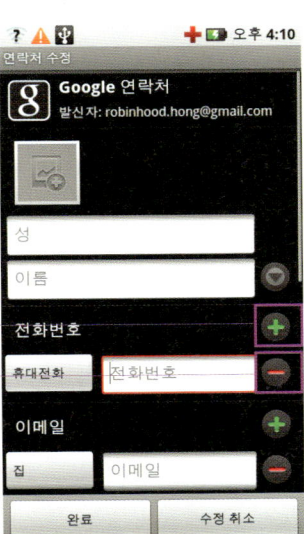

연락처 수정하기

연락처의 전화번호나 메일 주소가 변경되었을 경우에도 간단히 수정할 수 있습니다.

01. 주소록에서 수정할 연락처를 누릅니다.

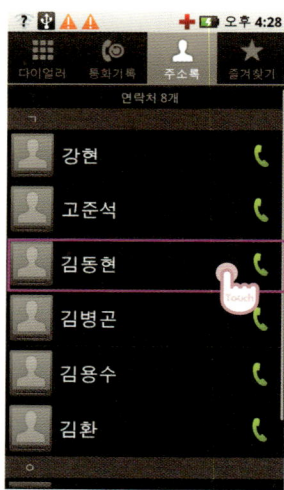

02. 화면 아래에 나타나는 메뉴에서 [연락처 수정]을 선택합니다. 만약 메뉴가 나타나지 않으면 메뉴 버튼을 누르면 메뉴가 나타납니다.

03. 연락처를 추가할 때와 똑같은 요령으로 연
락처의 정보를 수정하고 [완료] 버튼을 누
릅니다.

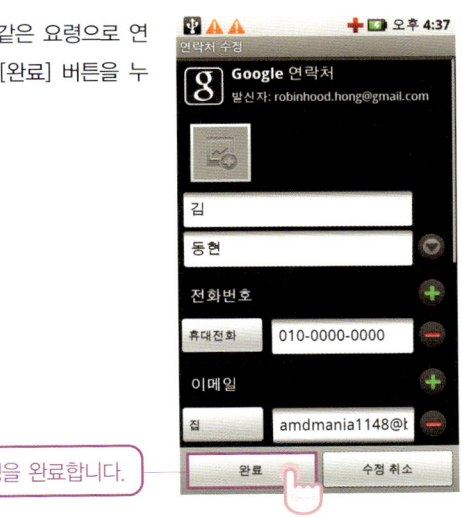

수정을 완료합니다.

03 연락처 삭제하기

잘못 입력했거나 필요없게 된 연락처를 삭제하는 것도 가능합니다.

01. 주소록에서 삭제할 연락처를 누릅니다.

55

02. 화면 아래에 나타나는 메뉴에서 [연락처 삭제]를 선택합니다. 만약 메뉴가 나타나지 않으면 메뉴 버튼을 누르면 메뉴가 나타납니다.

03. 삭제 확인 대화 상자에서 [확인] 버튼을 누릅니다.

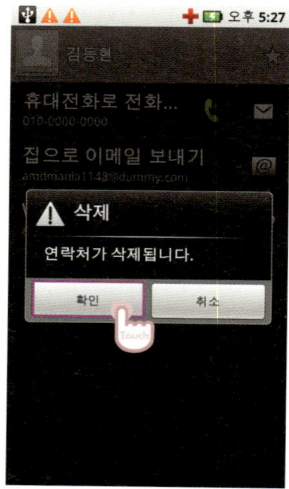

주소록에서 바로 전화 걸기

전화번호를 입력하거나 검색할 필요없이 주소록에서 직접 전화를 걸 수 있습니다.

01. 주소록에서 전화를 걸 연락처를 누릅니다.

02. [휴대전화로 전화걸기]를 누릅니다.

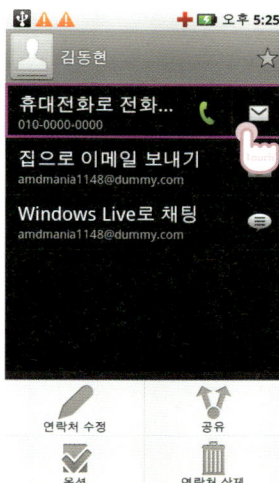

05 통화 기록에서 주소록에 추가하기

이전에 통화했던 사람의 연락처를 따로 적어두지 않아도 간단히 주소록에
추가할 수 있습니다.

01. 메인 메뉴에서 [통화기록 아이콘]을 눌러
서 통화 기록을 실행합니다. 홈 화면에 있
는 통화기록 바로가기를 누르거나 전화 화
면에서 통화기록 아이콘을 눌러도 통화 기
록이 열립니다.

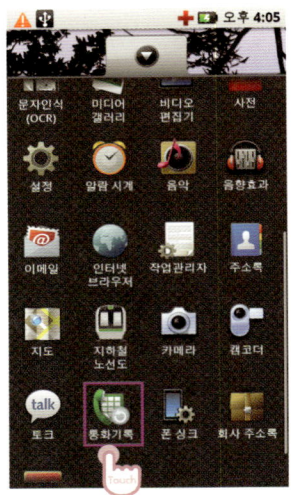

02. 저장할 전화번호를 선택합니다. 단, 오른쪽
의 전화 아이콘을 누르면 바로 전화가 걸
리므로 조심하세요.

이 곳을 누르면 전화번호를
주소록에 저장할 수 있습니다.

바로 전화를 걸 수 있습니다.

CHAPTER 4

안드로이드폰으로 즐기는
자유로운 인터넷

손 안의 바다에 풍덩 빠지실 시간입니다. 안드로이드폰을 이용해서
인터넷의 재미를 더욱 만끽할 수 있습니다. 그 방법을 알아볼까요?

01 인터넷 연결하기

스마트폰의 가장 큰 장점은 인터넷에 직접 연결하여 웹 페이지를 탐색할 수 있고, 인터넷을 통해 새로운 기능을 추가하거나 데이터를 주고 받을 수 있다는 점입니다. 안드로이드폰은 휴대 전화 데이터 네트워크인 3G 데이터 네트워크를 이용할 수 있을 뿐만 아니라, Wi-Fi 무선 인터넷을 이용할 수도 있습니다.

01 3G 데이터 네트워크 연결

3G 데이터 네트워크 연결은 휴대 전화의 데이터 네트워크를 통해 인터넷에 연결하는 방식입니다. 3G 데이터 네트워크는 언제 어디서나 추가적인 장비나 설정 없이 인터넷에 연결할 수 있다는 장점이 있습니다. 하지만 속도가 상대적으로 느린 편이며, 통신사에서 제공하고 있는 별도의 데이터 요금제를 사용하고 있지 않다면 높은 요금이 부과되므로 사용에 주의해야 합니다. 안드로이드폰에서는 이런 데이터 요금의 부과로 인한 문제를 미연에 방지하기 위해서 데이터 네트워크 접속을 필요할 때만 하도록 설정할 수 있습니다.

01. 홈 화면에서 메뉴 버튼을 눌러 [설정] 메뉴를 엽니다.

02. 설정 화면에서 [무선 및 네트워크]를 선택
합니다.

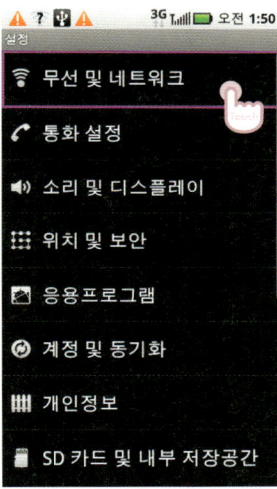

03. 무선 및 네트워크 설정 화면에서 [데이터
네트워크 설정]을 선택합니다.

04. 데이터 네트워크 설정에서 접속 여부를 설
정합니다.

05. 접속 허용을 선택할 경우, 접속이 필요할
때 별도의 접속 안내 없이 접속합니다. 반
면에 허용하지 않음을 선택하면 데이터 통
신 요금은 부과되지 않으나, Wi-Fi가 없는
경우 인터넷에 접속할 수 없습니다. 접속
여부 물어보기는 접속이 필요할 때 접속
여부를 확인합니다.

02 WI-FI 연결

Wi-Fi(와이파이)는 억세스 포인트(Access Point)라는 무선 접속 장치 주
변에서 무선 주파수를 통해 인터넷에 접속하는 방식입니다. AP가 없으면

인터넷에 접속할 수 없는 단점이 있으나, 최근에는 공공 장소나 사람이 많이 모이는 곳에 AP가 설치되어 있는 것이 보통이며, 속도가 3G 데이터 네트워크에 비해 빠른 편이고, 대부분 무료로 사용할 수 있어 많이 애용되고 있습니다.

01. 무선 및 네트워크 설정 화면에서 [Wi-Fi 설정]을 선택합니다.

02. Wi-Fi를 눌러 Wi-Fi를 활성화합니다. Wi-Fi가 활성화되면 주변에 위치한 억세스 포인트가 표시됩니다.

❶ Wi-Fi를 활성화합니다.

❷ 접속할 AP를 선택합니다.

AP의 신호 세기와 암호화 여부를 표시합니다.

03. 암호화되어 있는 엑세스 포인트에 접속할 경우, WEP 키를 입력하면 접속이 가능합니다.

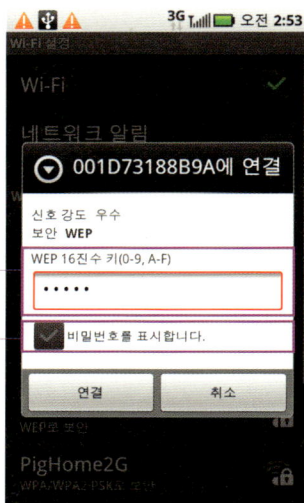

암호를 입력합니다.

입력 중인 비밀번호를 감추지 않고 보여줍니다.

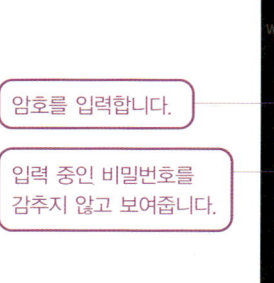

tip_ 내 주변의 Wi-Fi 검색하기? NearWiFi

집이나 회사와 같이 내가 알고 있는 Wi-Fi AP라면 특별한 검색 없이 바로 접속이 가능하겠지만, 밖에서 급하게 인터넷에 연결해야 하는 경우에는 어떻게 하면 좋을까요? 물론 패스트푸드점이나 공공 기관에 찾아가면 되겠지만, 항상 필요할 때는 옆에 없는 법이잖아요. 이럴 때 사용할 수 있는 애플리케이션이 바로 NearWiFi입니다.

NearWiFi는 내 주변에 있는 비보안 WiFi AP의 리스트를 보여줍니다. 이 정보는 실시간 정보가 아니지만, 수시로 업데이트되므로 매우 유용하며, GPS를 기반으로 내 위치를 찾아주므로 굳이 지도를 이리저리 이동해 가며 검색할 필요가 없습니다.

02 Google 계정 설정하기

안드로이드폰에서 제공되는 기능을 원활하게 사용하기 위해서는 Google 계정이 있어야 합니다. Google 계정은 Google 관련 애플리케이션 뿐만 아니라 주소록, 일정과도 연결이 되어 있으며, 안드로이드 마켓에서 애플리케이션을 다운로드하거나 구입할 때도 필요합니다. 만약 지메일(Gmail)을 사용하고 있다면 안드로이드폰에 Google 계정으로 설정하여 사용할 수 있으며, Google 계정이 없을 때는 안드로이드폰에서 바로 만들어 사용할 수도 있습니다.

01 Google 계정 만들기

Google 계정이 설정되어 있지 않을 때, 구글 계정을 사용하는 애플리케이션을 실행하면 Google 계정을 먼저 만들게 됩니다.
여기에서는 Gmail을 통해 Google 계정을 만드는 방법을 살펴봅니다.

01. [Gmail 바로가기]를 누릅니다.

tip

처음에 등록하는 계정은 기본 계정으로 지정되어 개인 정보 초기화를 하지 않으면 삭제나
변경이 불가능하므로 주의하셔야 합니다. 또한 3G 데이터 네트워크를 사용할 것이 아니
라면 Google 계정을 만들기 전에 먼저 Wi-Fi를 활성화해야 합니다.

02. Google 계정 설정 화면이 표시되면 [다음]
버튼을 눌러 설정을 시작합니다.

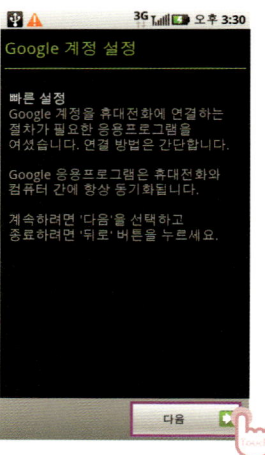

03. 이미 Google 계정이 있는 경우 [로그인] 버튼
을 누르고, 없는 경우에는 [계정 만들기] 버튼
을 누릅니다. 여기에서는 계정을 만들고, 로그
인 방법은 뒤에서 다시 알려 드리겠습니다.

새 계정을 만듭니다.

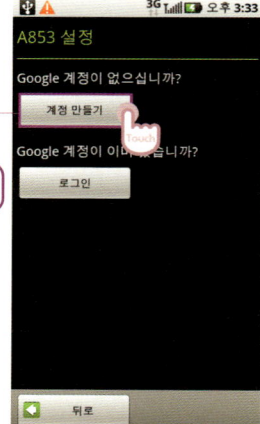

04. 여러분의 이름과 새로 사용할 Google 계정 아이디를 입력합니다.

① 이름 입력

② 성 입력

③ 새로운 계정의 아이디 입력

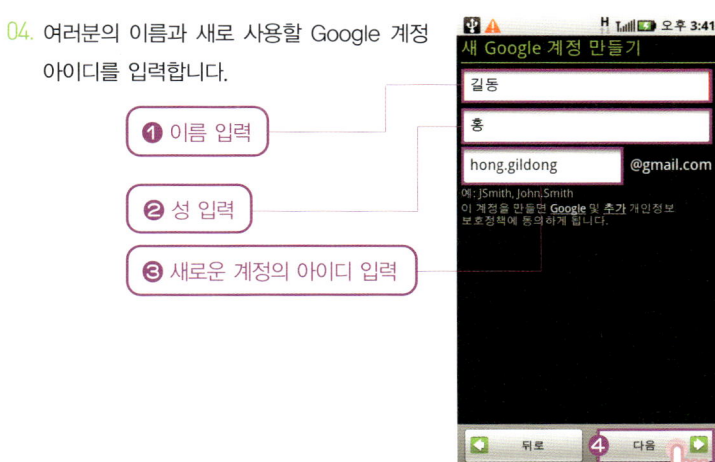

05. 입력한 계정 아이디를 다른 사람이 이미 사용하고 있는 경우, 다른 아이디를 입력해야 합니다. 또는 Google이 추천하는 아이디를 사용할 수도 있습니다.

Google이 추천해주는 아이디를 선택할 수 있습니다.

06. 아이디가 결정되면 비밀번호를 입력해야
합니다. 비밀번호는 최소 8자 이상이어야
합니다.

❶ 비밀번호 입력

❷ 같은 비밀번호를
한 번 더 입력

07. 본인 확인용 보안 질문과 답변을 입력합니
다. 보안 질문은 계정의 비밀번호를 잊었
을 때 사용되며, 보조 이메일을 통해 비밀
번호 초기화 방법이 전송됩니다.

❶ 보안 질문 선택

❷ 답 입력

❸ 보조 이메일 입력

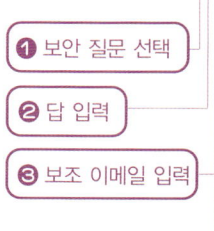

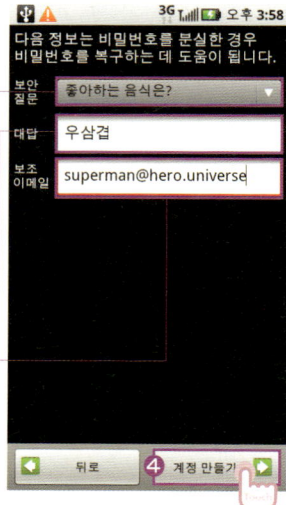

08. 이용 약관을 읽고 약관에 동의합니다.

09. 보안용 그림 문자를 입력합니다.

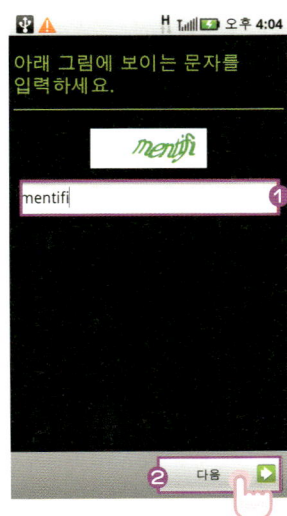

계정 설정이 끝나면 홈 화면이 표시됩니다. 이제 Google 계정이 필요한 모든 애플리케이션을 실행할 수 있습니다.

02 Google 계정이 이미 있는 경우

이미 Google 계정이 있다면 계정을 새로 만드는 대신에 로그인하여 계정을 등록할 수 있습니다.

01. 계정 설정 화면에서 [로그인] 버튼을 누릅니다.

02. 계정 아이디와 비밀번호를 입력하고 [로그인] 버튼을 누릅니다.

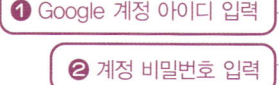

❶ Google 계정 아이디 입력

❷ 계정 비밀번호 입력

03 인터넷 브라우저

안드로이드폰에는 Google에서 오픈 소스 형태로 배포하고 있는 Google 크롬 (Chrome)이라는 웹 브라우저와 호환되는 웹킷 기반의 인터넷 브라우저가 포함되어 있습니다. 이 인터넷 브라우저를 이용하면 모바일용 웹사이트 뿐만 아니라 일반 웹사이트도 자유스럽게 탐색할 수 있습니다.

01 주소 입력을 통해 웹사이트 탐색하기

인터넷 브라우저에서 주소 입력을 통해 웹사이트를 탐색하는 방법은 일반적인 웹 브라우저와 동일합니다.

01. 메인 메뉴에서 [인터넷 브라우저 아이콘]을 눌러서 인터넷 브라우저를 실행합니다. 홈 화면에 있는 인터넷 브라우저 바로가기를 눌러도 인터넷 브라우저가 열립니다.

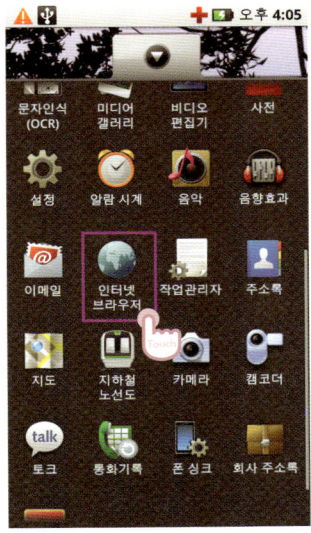

02. 주소 입력 창에 방문할 웹사이트 주소를 입력하고 [이동] 버튼을 누릅니다.

❶ 탐색할 주소 입력

03. 웹사이트가 열립니다.

3G 데이터 네트워크를 이용할 때는 가급적 모바일 웹 페이지를 이용하세요. 데이터 전송량이 훨씬 적기 때문에 데이터 요금을 절약할 수 있습니다. 그리고 3G 데이터 네트워크를 사용할 것이 아니라면 인터넷에 접속하기 전에 먼저 Wi-Fi를 활성화해야 합니다.

02 즐겨찾기에 자주 방문하는 웹사이트 등록하기

자주 방문하는 웹사이트는 즐겨찾기에 등록해 두고 즐겨찾기를 통해 탐색
합니다.

01. 즐겨찾기에 추가할 웹사이트를 열고 [북마
크] 버튼을 누릅니다.

북마크 버튼

02. 북마크 화면에서 [추가] 버튼을 누릅니다.

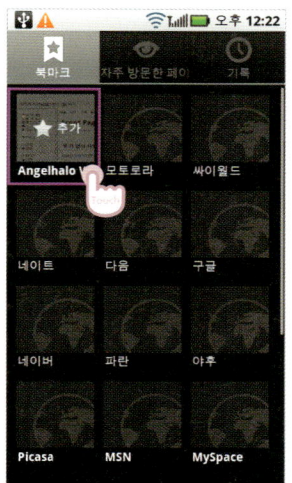

03. 북마크에 추가 화면에서 추가할 이름을 입
력하고 [확인] 버튼을 누릅니다.

① 북마크에 추가할 이름 입력

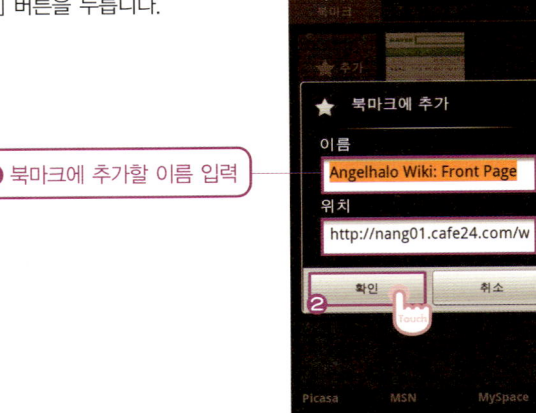

04. 북마크에 추가가 완료된 다음부터는 북마크 버튼을 누르면 즐겨찾기를 통해
웹사이트를 빠르게 탐색할 수 있습니다.

04 구글 토크가 뭐지?

토크는 Google에서 제공하는 Google 토크(Talk)와 호환되는 메신저(Messenger)입니다.

01 친구와 채팅하기

01. 메인 메뉴에서 [토크 아이콘]을 눌러서 토크를 실행합니다. 홈 화면에 있는 토크 바로가기를 눌러도 토크가 열립니다.

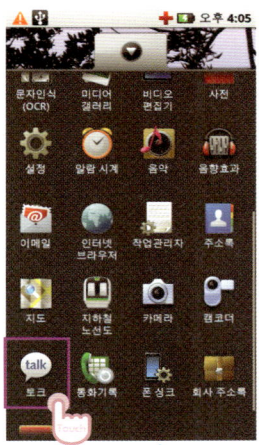

02. 친구 목록에서 대화할 친구를 선택하면 대화 창이 열립니다.

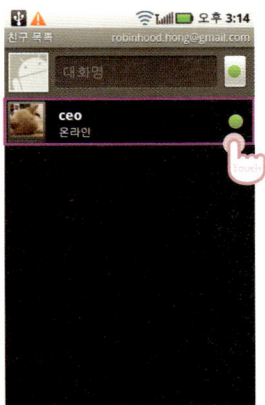

03. 대화를 끝내고 싶을 때는 대화 창이 열린 상태에서 메뉴 버튼을 눌러 [채팅 종료]를 선택합니다. 채팅 종료를 선택하는 대신에 이전 버튼을 누르면 대화가 계속되는 상태에서 친구 목록으로 돌아갈 수 있습니다.

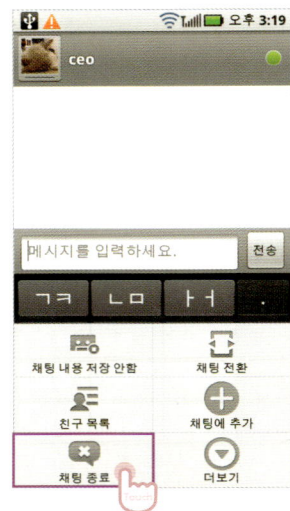

02 친구 추가하기

토크 안에서 직접 친구를 추가할 수 있습니다. 이미 토크를 사용 중인 친구는 토크를 통해 추가 요청이 이루어지며, 토크를 사용 중이지 않은 친구에게는 메일을 통해 초대장을 보낼 수 있습니다.

01. 친구 목록에서 메뉴 버튼을 눌러 [친구 추가]를 선택합니다.

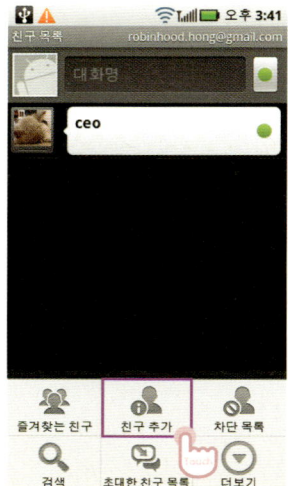

02. 초대할 친구의 메일 주소를 입력한 후 [초
대장 보내기] 버튼을 누릅니다.

❶ 초대할 친구의 메일 주소 입력

03. 친구가 초대를 승낙하면 친구 목록에 추가
한 친구가 나타납니다.

추가된 친구

05 Gmail을 활용하자

Google은 각각의 Google 계정마다 기본적으로 8GB 용량의 메일(Gmail)을 제공하고 있습니다. 안드로이드폰은 이 Gmail의 계정을 이용하여 메일을 주고 받을 수 있는 기능 이 기본적으로 제공되고 있습니다.

01 Gmail로 메일 받기

01. 메인 메뉴에서 [Gmail 아이콘]을 눌러서 Gmail을 실행합니다. 홈 화면에 Gmail 바로 가기가 있을 경우에는 바로가기를 통해 바로 실행할 수도 있습니다.

02. 받은 편지함이 열리며, 인터넷에 연결되어 있으면 자동으로 메일을 수신합니다. 만약 수동으로 메일을 다시 수신하려면 메뉴 버튼 을 누르고 [새로고침]을 선택합니다.

03. 메일의 제목을 누르면 메일의 본문 내용을
    읽을 수 있습니다. 감춰져 있는 사진은 [사
    진 표시] 버튼을 눌러 열어볼 수 있습니다.

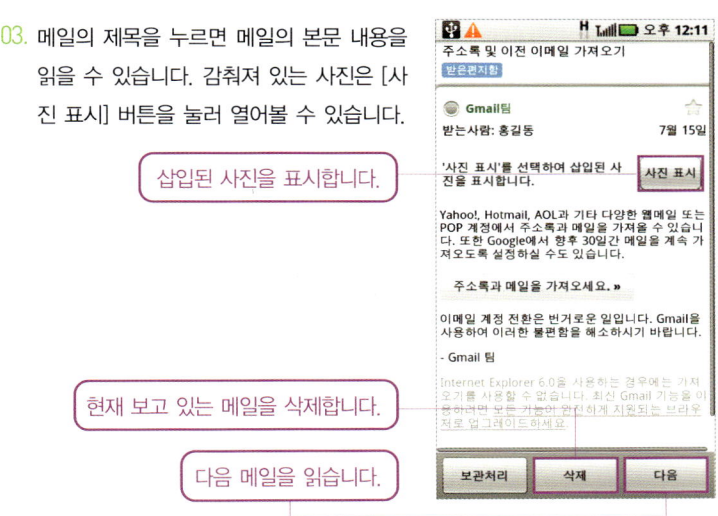

삽입된 사진을 표시합니다.

현재 보고 있는 메일을 삭제합니다.

다음 메일을 읽습니다.

02 Gmail로 편지 쓰기

01. Gmail 받은 편지함 화면에서 메뉴 버튼을
    눌러 [편지쓰기]를 선택합니다.

02. 메일을 열심히 씁니다.

❶ 받는 사람

❷ 제목

❸ 본문

03. 사진이나 파일을 첨부하려면 메뉴 버튼
을 누르고 [첨부]를 선택합니다.

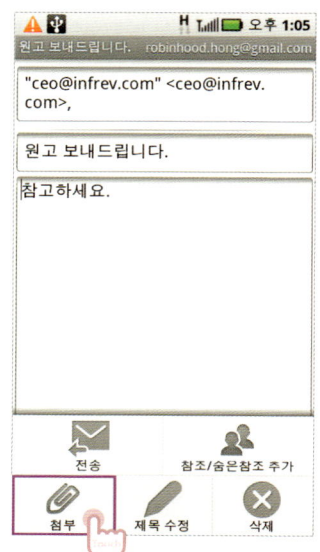

04. 미디어 갤러리에서 첨부할 사진을 선택
합니다.

05. [전송] 버튼을 눌러 메일을 발송합니다.

❶ 첨부 파일이 표시됩니다.

첨부 파일 삭제 버튼

❷ 메일을 전송합니다.

81

03 Gmail 관리하기

Gmail에서는 편지함과 라벨을 함께 관리합니다.

01. 메뉴 버튼을 눌러 라벨 보기를 선택하면 Gmail의 편지함과 라벨 목록이 나타납니다.

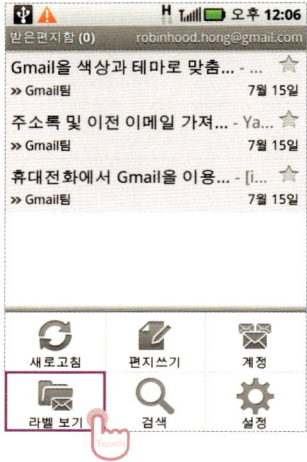

02. 관리할 편지함이나 목록을 선택하면 관련된 메일 목록이 정리되어 나타납니다.

CHAPTER 5

안드로이드폰에서
즐기는 멀티미디어

스마트폰의 가장 큰 특징 중 하나는 다양한 미디어 파일을 손쉽게 재생할 수 있는 것입니다. 사진 파일이나 음악 파일 뿐만 아니라 동영상 파일도 간단히 재생할 수 있습니다.

01 SD 카드에 미디어 파일 넣기

안드로이드폰에서 미디어 파일을 재생하기 위해서는 미디어 파일을 SD 카드(외부 메모리)에 복사해 주어야 합니다. SD 카드를 안드로이드폰에 넣은 채로 미디어 파일을 넣는 법에 대해 알아봅니다.

01. 안드로이드폰과 PC를 케이블로 연결합니다.

02. USB가 연결되어 상태/알림 영역에 [USB 연결 아이콘]이 표시되면 상태/알림 영역을 누른 채로 아래로 끌어내립니다.

03. 상태/알림 창에서 [USB 연결]을 누릅니다.

04. 제품에 따라 외장 메모리 관리를 선택하고 [확인] 버튼을 누르거나 [마운트, SD 카드 등록]을 선택합니다.

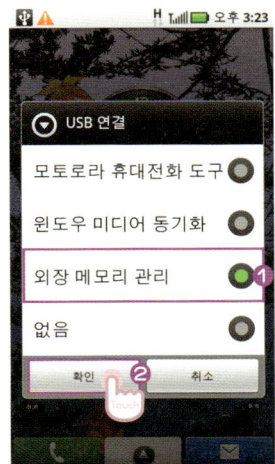 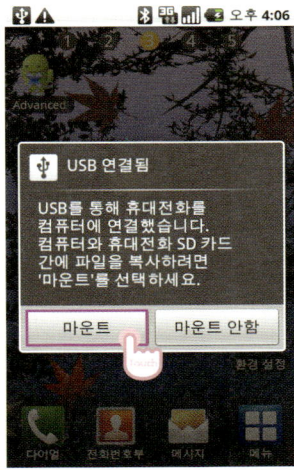

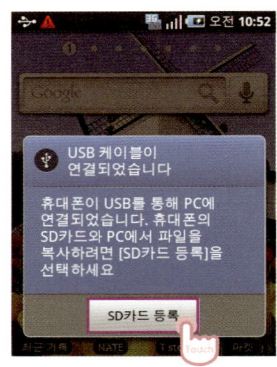

05. PC에 새 드라이브가 추가되면서 SD 카드에 미디어 파일을 복사할 수 있게 됩니다.

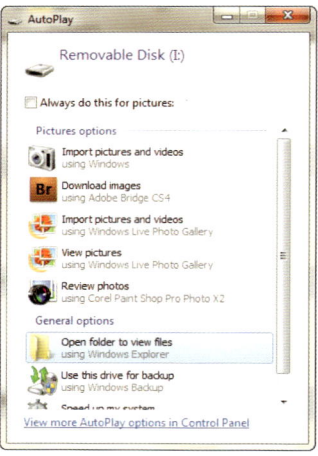

tip

SD 카드가 PC와 연결되어 있는 상태일 때는 안드로이드폰에서 SD 카드의 내용을 확인할 수가 없습니다. 따라서 안드로이드폰을 PC에 연결하기 전에 음악이나 동영상 같은 미디어 파일을 사용하는 애플리케이션을 사용 중이었다면 애플리케이션에서 파일의 사용을 미리 종료하시기 바랍니다. 또한 일부 제품은 연결 과정 없이 케이블을 연결하는 것만으로 PC와 연결이 될 수 있습니다. 자세한 사항은 동봉되어 있는 설명서를 읽어보세요.

02 음악을 마음대로 즐기자

안드로이드폰은 MP3 파일 뿐만 아니라 AAC, OGG, WMA 등 다양한 오디오 파일 형식의 재생을 지원하기 때문에 별도의 변환 과정 없이 손쉽게 음악 감상을 즐기실 수 있습니다.

01 음악 듣기

01. 메인 메뉴에서 [음악 아이콘]을 눌러서 음악 재생기를 실행합니다. 홈 화면에 음악 바로 가기가 있을 경우에는 바로가기를 통해 바로 실행할 수도 있습니다.

02 아티스트, 앨범, 노래, 재생 목록 중 원하는 분류 형태를 선택합니다.

❶ 음악가별로 음악을 듣습니다.
❷ 앨범별로 음악을 듣습니다.
❸ 모든 노래를 분류없이 듣습니다.
❹ 자주 듣는 노래를 따로 목록으로 만듭니다.

03. 노래 목록에서 듣고자 하는 노래를 선택
합니다.

04. 음악 재생 화면이 열립니다.

05. 삼성 갤럭시 S의 뮤직 플레이어는 화면 구성은 차이가 있지만 기본적인 사용 방법은 동일합니다.

02 현재 듣고 있는 노래를 벨소리로 사용하기

메뉴 버튼을 눌러 [벨소리로 사용]을 선택하면 현재 듣고 있는 음악을 벨소리로 사용할 수 있습니다.

03 재생 목록

자주 듣는 노래들을 재생 목록으로 만들어 관리할 수 있습니다.

01. 노래나 앨범, 음악가 목록에서 길게 누르면 나타나는 상황에 맞는 메뉴에서 [재생 목록에 추가]할 수 있습니다.

02. 음악 재생 중에 메뉴 버튼을 누르고 재생 목록에 추가를 선택하여 [재생 목록에 추가]할 수도 있습니다.

03. 재생 목록에 추가 메뉴에서 어떤 재생 목록에 추가할 것인지를 결정합니다.

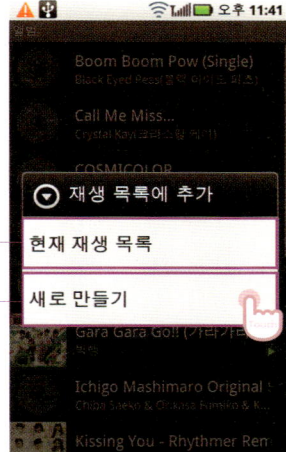

현재 사용 중인 재생 목록에 추가합니다.

새 재생 목록을 만들어서 추가합니다.

04. 목록을 새로 만들면 목록의 제목을 따로 지정할 수 있습니다.

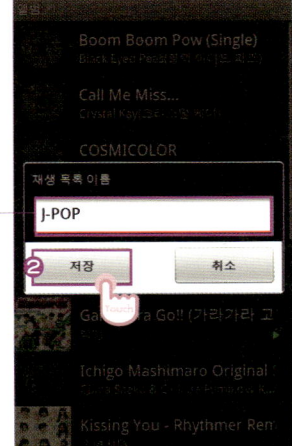

❶ 제목을 지정합니다.

05. 재생 목록 화면에서 새로 추가한 재생
목록을 확인할 수 있습니다.

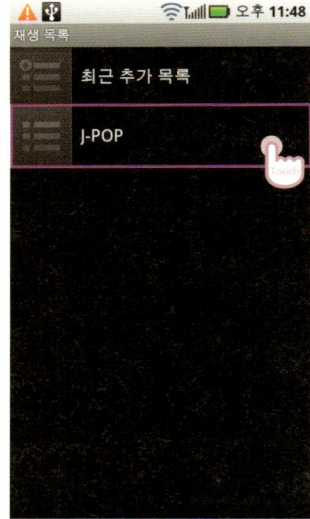

03 디카보다 쨍한 카메라 활용하기

스마트폰의 카메라는 단순히 사진을 촬영하는 용도로 쓰일 뿐만 아니라, 촬영한 사진을 직접 편집하여 그 정보를 다른 사람과 공유하고 함께 즐기는데 최적화되어 있습니다.

01. 카메라 셔터 버튼을 길게 누르면 카메라가 실행됩니다. 카메라 셔터 버튼이 없는 경우 메인 메뉴에서 [카메라 아이콘]을 누릅니다.

02. 사진을 촬영한 후에 사진을 공유하거나 배경 화면 등에 사용할 수 있습니다.

❶ 문자 메시지나 메일을 통해 사진을 다른 사람들과 공유할 수 있습니다.
❷ 사진을 배경 화면이나 연락처 아이콘으로 지정합니다.
❸ 현재 보고 있는 사진을 삭제합니다.

03. 촬영한 사진들은 다른 이미지 파일들과
함께 미디어 갤러리에서 볼 수 있습니다.

04 사진 관리를 위한 미디어 갤러리

미디어 갤러리는 안드로이드폰에 저장되어 있는 미디어 파일을 관리하는 애플리케이션 입니다. 또한 사진과 동영상을 미디어 갤러리를 통해 감상할 수 있습니다.

01. 메인 메뉴에서 [미디어 갤러리 아이콘] 을 눌러서 미디어 갤러리를 실행합니다. 홈 화면에 미디어 갤러리 바로가기가 있을 경우에는 바로가기를 통해 바로 실행할 수도 있습니다.

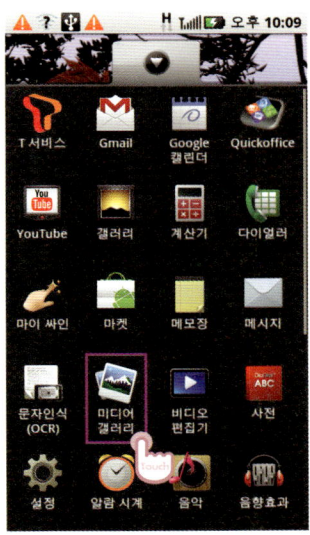

02. 필터를 변경하여 원하는 분류의 미디어 파일을 찾습니다.

사진과 동영상의 종류를 선택할 수 있습니다.

03. [미디어 파일]을 선택하면 미디어 파일
    을 열 수 있습니다.

사진의 정보를 볼 수 있습니다.

04. [동영상]을 선택하면 동영상을 재생할 수 있습니다.

❶ 동영상의 정보를 볼 수 있습니다.
❷ 동영상의 재생 위치를 조절할 수 있습니다.

05 YouTube도 내 손 안에 있소이다

YouTube는 Google에서 제공하는 무료 동영상 제공 사이트로서, 사용자가 직접 비디오 클립(Video Clip)을 업로드하고 재생할 수 있으며, 공유할 수 있습니다. 안드로이드 폰에 포함되어 있는 유튜브 애플리케이션은 유튜브 사이트에서 원하는 동영상을 검색할 수도 있고, 고화질로 재생도 가능합니다.

01. 메인 메뉴에서 [YouTube 아이콘]을 눌러서 YouTube를 실행합니다. 홈 화면에 YouTube 바로가기가 있을 경우에는 바로가기를 통해 바로 실행할 수도 있습니다.

 tip

YouTube는 인터넷에 접속을 하는 애플리케이션이기 때문에 3G 네트워크 또는 Wi-Fi에 연결이 되어야 합니다. 가급적 요금의 부담이 없는 Wi-Fi가 연결된 곳에서 사용하세요.

02. YouTube에서 많이 본 동영상의 목록이 나타나는데, 이 목록에서 [원하는 동영상]을 선택하거나 [검색] 버튼을 눌러 원하는 주제의 동영상을 검색할 수 있습니다.

❶ 특정 주제의 동영상을 검색합니다.
❷ 동영상을 재생합니다.

03. 원하는 동영상을 선택하면 재생이 시작됩니다.

04. 동영상 재생 도중에 메뉴 버튼을 누르면 동영상에 댓글을 달거나 평가를 할 수 있는 메뉴가 나타납니다.

❶ 자막을 봅니다.
❷ 영상의 세부 정보를 봅니다.
❸ 영상을 평가합니다.
❹ 영상을 즐겨찾기에 추가합니다.
❺ Gmail이나 메시지를 통해 다른 사람과 영상을 공유합니다.
❻ 댓글을 달거나 신고를 할 수 있습니다.

 동영상 업로드하기

YouTube 계정이 있는 경우 안드로이드폰에 저장되어 있는 동영상을
YouTube에 직접 업로드할 수 있습니다.

01. YouTube 목록에서 메뉴 버튼을 누르고
[업로드]를 선택합니다.

02. 미디어 갤러리에서 업로드할 [동영상]을
선택합니다.

03. YouTube 계정에 로그인합니다. 이미 YouTube에 로그인되어 있는 경우에는 로그인 화면이 나타나지 않습니다.

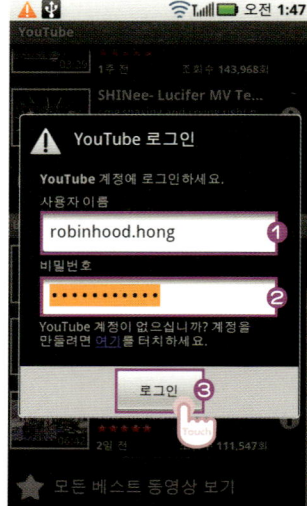

❶ YouTube 계정 아이디 입력
❷ YouTube 계정 비밀번호 입력
❸ 로그인

04 업로드가 완료됩니다.

tip

YouTube는 Google 계정을 사용하지만, 업로드를 위해서는 Google 계정과 별도로 YouTube 가입 인증이 필요합니다.

06 구글 지도를 활용하면 모르는 길이 없다

안드로이드폰에 탑재된 지도는 단순한 지도 보기 기능 뿐만 아니라 GPS를 이용한 현재 위치의 탐색, 그리고 특정 위치로 방문하기 위한 경로 계산까지 가능한 다목적 애플리케이션입니다.

01 지도 탐색하기

01. 메인 메뉴에서 [지도 아이콘]을 눌러서 지도를 실행합니다.

02. GPS가 실행되면서 현재 위치가 표시됩니다.

GPS 아이콘

누른 상태로 움직여서 지역 이동

축소/확대 아이콘

02 검색하기

01. 메뉴 버튼을 누르고 [검색] 버튼을 선택
합니다.

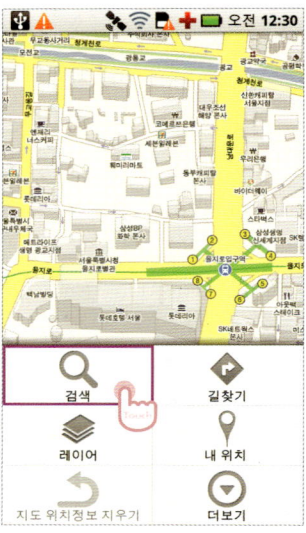

02. 검색할 명칭이나 주소를 입력하면 나타
나는 후보 목록에서 찾고자 하는 항목을
선택합니다.

❶ 검색할 명칭 입력

❷ 검색 대상 선택

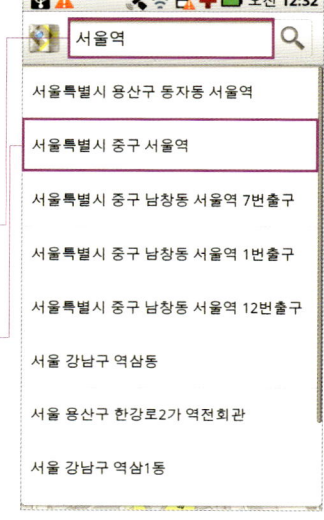

03. 검색된 위치가 지도에 표시됩니다.

검색된 위치

03 추가 정보 보기

기본 지도 위에 위성 지도나 교통 정보를 추가해서 볼 수 있습니다.

01. 메뉴 버튼을 누르고 [레이어]를 선택합
니다.

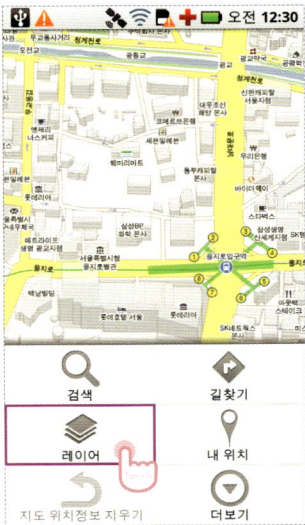

02. 추가할 레이어를 선택합니다. 여기서는 [위성] 지도를 선택해 보겠습니다.

03. 위성 지도가 표시됩니다.

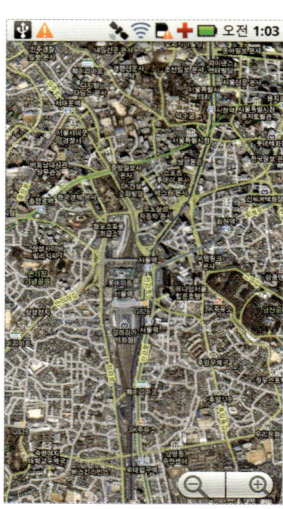

04. 만약 지도가 나타나지 않고 돋보기 배경이 나타나면 지도를 축소해야 위성 지도를 확인할 수 있다는 뜻이므로 위성 지도가 나타날 때까지 [축소] 버튼을 누릅니다.

위성 지도가 나타날 때까지 누릅니다.

 대중 교통 경로

출발지와 도착지를 지정하면 대중 교통 경로를 확인할 수 있습니다.

01. 메뉴 버튼을 누르고 [길찾기]를 선택합니다.

02. 출발지와 도착지를 입력하고 대중 교통을 선택한 다음 [실행] 버튼을 누릅니다.

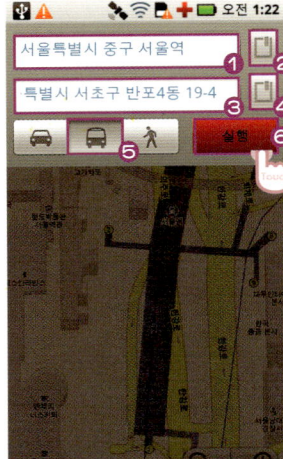

❶ 출발지를 입력합니다.
❷ 출발지를 현재 내 위치, 주소록, 지도 상의 지점 중 선택할 수 있습니다.
❸ 도착지를 입력합니다.
❹ 도착지를 현재 내 위치, 주소록, 지도 상의 지점 중 선택할 수 있습니다.
❺ 대중 교통 경로
❻ 실행 버튼

03. 선택 가능한 경로의 목록이 표시됩니다. 상세 정보를 보려면 해당 경로를 선택합니다.

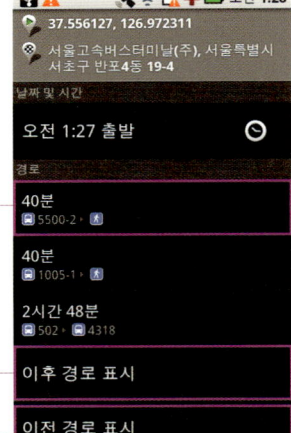

상세 정보를 확인할 경로

추가로 검색된 경로를 표시합니다.

이전에 검색했던 경로를 표시합니다.

04. 상세 경로가 표시됩니다. 지도에 표시를
    누르면 지도에 이동 경로가 표시됩니다.

지도에 이동 경로 표시

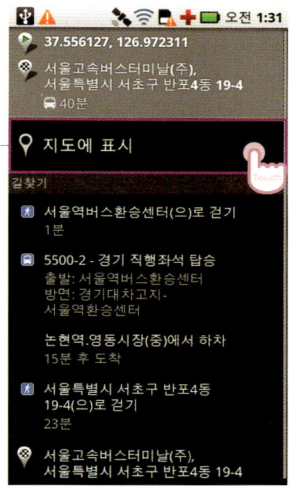

① 경로 요약 화면으로 돌아갑니다.
② 경로의 이전 지점으로 돌아갑니다.
③ 경로의 다음 지점으로 돌아갑니다.

tip

운전 경로나 도보 경로는 국내의 경우 아직 서비스되지 않습니다.

CHAPTER 6

안드로이드폰과
비즈니스의 만남

스마트폰이 일반 휴대 전화와 구별되는 가장 큰 차이점은 바로 일정과
작업, 메일 등을 외부에서 손쉽게 처리할 수 있기 때문에 비즈니스에 활
용하기 편하다는 점입니다.

01 동기화는 안드로이드폰의 기본!

동기화(Synchronization) 또는 싱크는 두 개 이상의 정보를 동일하게 유지하는 것을 말합니다.

구체적으로 말하면, 컴퓨터에 저장되어 있는 정보를 안드로이드폰에 동일하게 저장하여 어디서나 확인할 수 있고, 바깥에서 안드로이드폰을 통해 수집한 정보를 컴퓨터로 안전하게 다시 저장하는 작업을 동기화라고 할 수 있습니다. 물론 이러한 작업을 사용자가 직접 수동으로 할 수도 있지만, 안드로이드폰에서는 동기화를 위한 여러 가지 편리한 기능을 제공하고 있습니다. 따라서 처음에 동기화를 설정해 놓으면 그 다음부터는 일부러 신경쓰지 않아도 자동으로 동기화가 이루어집니다.

이와 같은 동기화 과정을 거치면 안드로이드폰의 내용과 컴퓨터의 내용이 항상 동일하게 유지되기 때문에 자료를 잃어버리거나 잘못된 작업으로 인해 낭패를 보는 일이 없어지게 됩니다.

01 동기화 설정하기

안드로이드폰의 동기화 기능은 Gmail, Google 주소록, Google 캘린더와 연동됩니다. 따라서 안드로이드폰의 동기화를 설정하려면 Google 계정이 설정되어 있는 상태여야 합니다. Google 계정을 설정하려면 65쪽의 Google 계정 설정 항목을 읽어보세요.

01. 홈 화면에서 메뉴 버튼을 누르고 [설정]을 선택합니다.

02. 설정 화면에서 [계정 및 동기화]를 선택합니다.

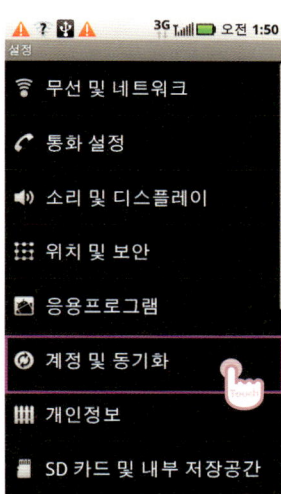

03. 계정 및 동기화 설정에서 백그라운드 데이터 전송과 자동 동기화 관련 설정을 변경합니다.

❶ 애플리케이션을 직접 실행하지 않아도 데이터 전송이 가능합니다.
❷ 데이터가 변경되면 자동으로 동기화를 진행합니다.

111

04. 동기화할 계정을 선택합니다. 만약 현재 설정되어 있는 기본 계정 이외의 계정으로 동기화하려면 [계정 추가] 버튼을 누르고 Google 계정 설정과 동일한 방법으로 계정을 추가합니다.

동기화한 계정을 선택합니다.

동기화할 계정을 추가합니다.

05. 동기화할 항목을 선택합니다. 선택 가능한 항목은 캘린더, 주소록, Gmail의 3가지입니다.

동기화 항목

동기화하지 않는 계정을 삭제할 수 있습니다.

06. 동기화가 진행되면 동기화 항목에 동기화
가 진행 중임을 알리는 아이콘이 표시됩
니다.

동기화 진행 중 아이콘

07. 자동 동기화를 설정하지 않은 경우에는 항
목별로 수동으로 동기화를 할 수 있습니
다. 특정 항목을 동기화하기 위해 해당 항
목을 한 번 누르면 동기화 아이콘이 표시
되면서 동기화를 진행합니다.

02 Google 캘린더 활용하기

여러분의 일정과 약속을 관리하기 위해 Google 캘린더를 사용할 수 있습니다. 안드로이드폰의 Google 캘린더는 자체만으로도 일정을 관리하는데 부족함이 없지만, 인터넷 형태의 Google 캘린더와 함께 사용하면 더욱 활용도가 높아질 수 있습니다.

01 일정과 약속 확인하기

먼저 일정과 약속을 확인하는 방법부터 알아봅니다.

01. 메인 메뉴에서 [Google 캘린더 아이콘]을 눌러서 Google 캘린더를 실행합니다. 홈 화면에 Google 캘린더 바로가기가 있을 경우에는 바로가기를 통해 바로 실행할 수도 있습니다.

02. 월별 보기 형태의 일정표가 나타납니다. 일정이 있는 경우 날짜 옆에 그래프로 표시됩니다.

일정이 표시됩니다.

오늘

03. 월별 보기 상태에서 이전 달을 보려면 화면을 아래로 끌어내립니다. 달력이 위에서부터 월별로 순서대로 연결되어 있다고 생각하면 됩니다. 반대로 다음 달을 보려면 아래에 있는 다음 달 달력을 끌어올린다는 기분으로 끌어 올리면 됩니다.

전월/이월 이동

04. 특정한 날짜의 일정을 보려면 해당 날짜를 누릅니다.

05. 선택한 날짜의 전체 일정이 나타납니다. 일정의 상세 내용을 보려면 해당 일정을 누릅니다.

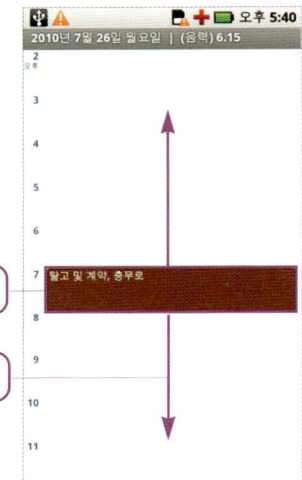

일정 확인

시간 이동

06. 일정의 상세 내용을 확인합니다.

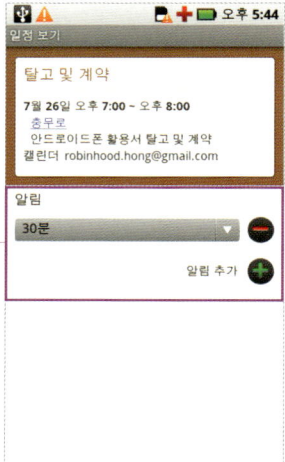

해당 일정을 알려주는 알림 방법을 설정할 수 있습니다.

표시 형식

Google 캘린더의 표시 형식은 월별 보기, 일별 보기, 주간 보기와 같이 달력 기반의 보기 형식과 일정 목록의 4가지로 구성되어 있습니다.

01. 메뉴 버튼을 누르고 일, 주, 월, 일정 목록 중 하나를 선택하면 표시 형식을 변경할 수 있습니다.

표시 형식을 변경합니다.

02. 일정 목록은 전체 일정을 목록 형태로 한 꺼번에 보여주는 형식으로서 일목요연하게 일정을 확인할 수 있습니다.

03. 월별 보기는 특정 월의 일정 배분을 확인
    하기에 편리한 방식입니다.

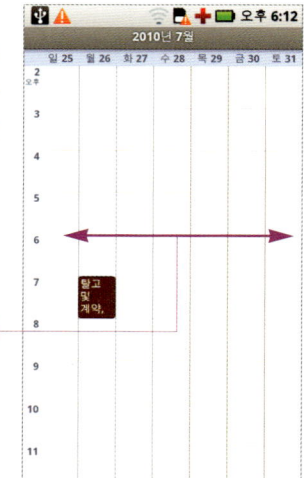

04. 주간 보기는 한 주의 일정을 시간과 함께
    상세하게 확인할 수 있는 방식으로서, 시
    간표 배분 등에 편리한 방식입니다. 전 주
    와 다음 주의 일정을 확인하려면 좌우로
    화면을 끌어당깁니다.

주간 이동

05. 일별 보기는 하루의 일정을 상세하게 확인
하는 표시 형식입니다.

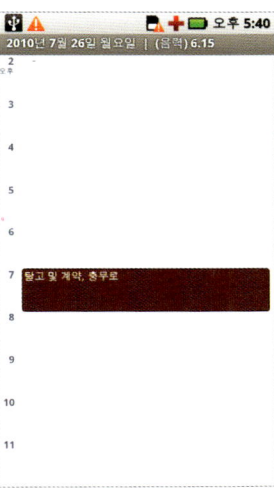

03 새 일정/약속 추가하기

01. 메뉴 버튼을 누르고 [새 일정]을 선택합
니다.

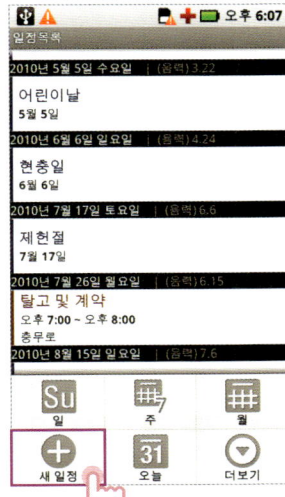

02. 일정의 내용을 입력하고 [완료] 버튼을 누릅니다.

04 인터넷 Google 캘린더와 함께 사용하기

스마트폰을 이용하여 작업하는 경우, 입력이 번거로운 스마트폰에서 모든 일을 처리하기 보다는, PC에서 기본적으로 작업을 한 다음에 스마트폰에서 확인을 하거나 외부에서 추가적인 작업을 하는 경우가 많습니다. Google 캘린더의 경우 인터넷의 Google 캘린더와 동기화가 가능하므로, 인터넷에서 일정을 입력한 후 동기화하는 것만으로 안드로이드폰에 일정과 약속이 정리되어 저장됩니다.

01. PC의 웹 브라우저에서 http://www.google.com/calendar/에 접속하고
Google 계정으로 로그인합니다.

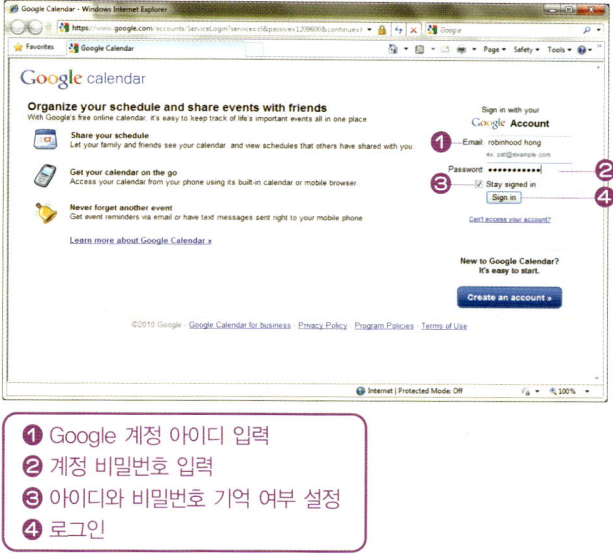

❶ Google 계정 아이디 입력
❷ 계정 비밀번호 입력
❸ 아이디와 비밀번호 기억 여부 설정
❹ 로그인

02. 동기화 설정이 되어 있다면 안드로이드폰에서 추가한 일정을 인터넷
Google 캘린더에서도 확인할 수 있습니다.

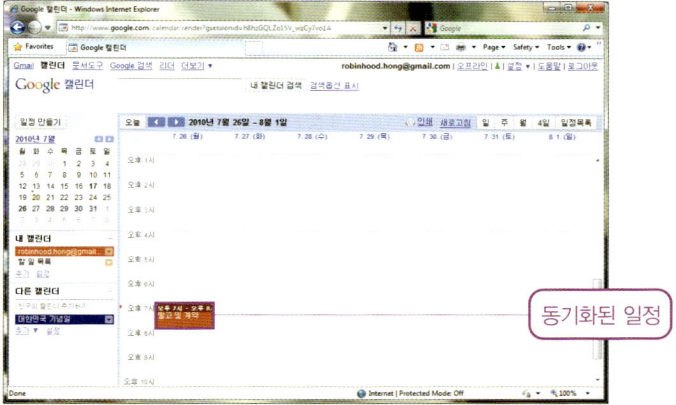

동기화된 일정

03. [일정 만들기] 버튼을 클릭하고 [새 일정]을 추가합니다.

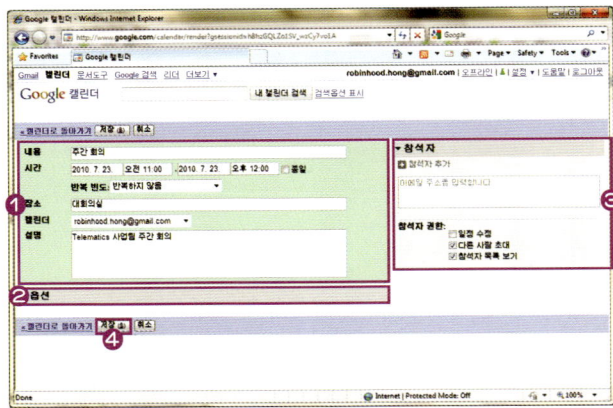

❶ 일정 입력
❷ 알림 설정
❸ 일정을 통보할 참석자의 이메일 입력
❹ 저장

04. 일정이 추가되었습니다.

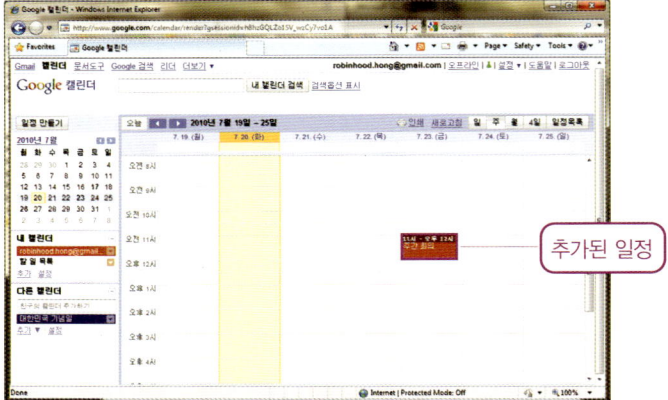

05. 동기화가 완료되면 안드로이드폰에도
인터넷에서 추가한 일정이 동일하게 추
가됩니다.

동기화된 일정

03 네이버/다음 메일 활용하기

Gmail이 아닌 POP3나 IMAP4 프로토콜을 지원하는 메일 계정의 메일도 안드로이드폰
에서 받아볼 수 있습니다.

01 메일 계정 자동 설정하기

많은 사람들이 사용하는 포털 사이트의 메일 계정은 메일 주소와 비밀번
호만 입력하면 자동으로 설정이 가능합니다.

01. 설정하려는 메일 계정의 POP3나 IMAP4 설정을 확인합니다. Naver 메일의
경우 메일의 [환경 설정]에서 확인할 수 있습니다.

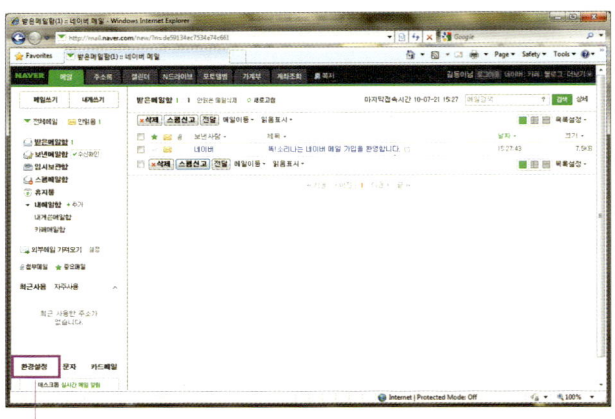

이곳을 클릭하여 설정을 확인합니다.

02. 모바일 · 외부메일 설정에서 [IMAP/SMTP 설정]을 클릭합니다.

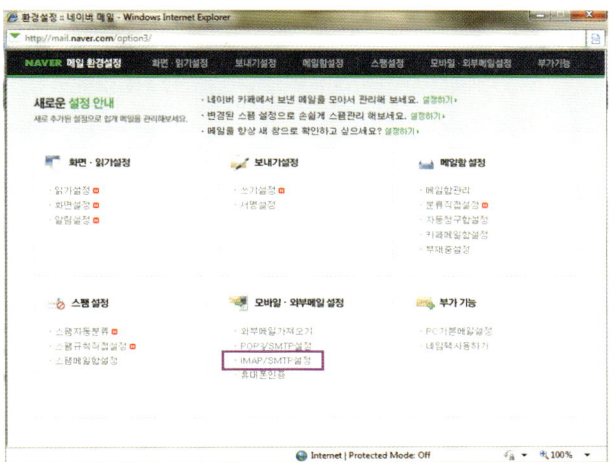

03. IMAP/SMTP 사용에서 [사용함]을 선택하고 [확인] 버튼을 클릭합니다.

04. 안드로이드폰의 메인 메뉴에서 [이메일 아이콘]을 눌러서 이메일을 실행합니다. 홈 화면에 이메일 바로가기가 있을 경우에는 바로가기를 통해 바로 실행할 수도 있습니다.

05. 이메일 주소와 비밀번호를 입력한 후 [다음] 버튼을 누릅니다.

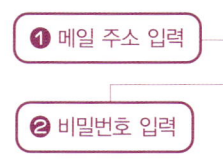

❶ 메일 주소 입력

❷ 비밀번호 입력

06. IMAP 이메일 설정 안내 대화 상자가 표시
되면 [확인] 버튼을 누릅니다.

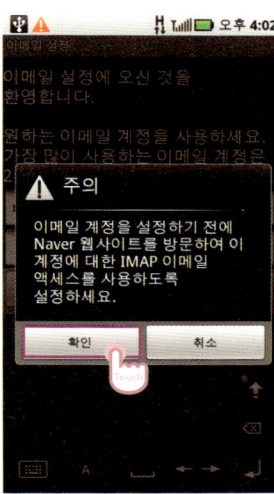

07. 설정 확인이 끝나면 계정 이름과 발신 메시
지 이름을 입력하고 [완료] 버튼을 누릅니다.

❶ 다른 메일과 구분하기 위한 이름 입력
(예: 회사메일, 네이버메일, 공구메일 등)

❷ 메일을 보낼 때 표시되는 이름 (예: 홍길
동, Infrev 디자인팀 등)

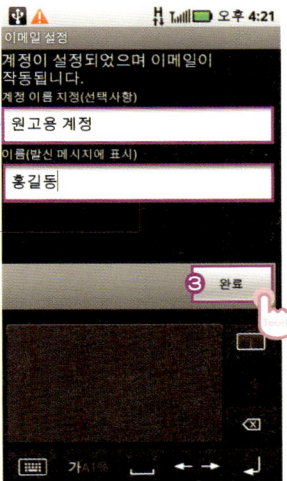

08. 메일 계정의 설정이 완료되었습니다.

설정이 완료된 계정

메일 계정 수동 설정하기

자동으로 설정되지 않는 메일 계정인 경우, 수동으로 계정을 설정할 수 있습니다.

01. 이메일 설정에서 주소와 비밀번호를 입력한 후 [수동 설정] 버튼을 누릅니다.

❶ 메일 주소 입력

❷ 비밀번호 입력

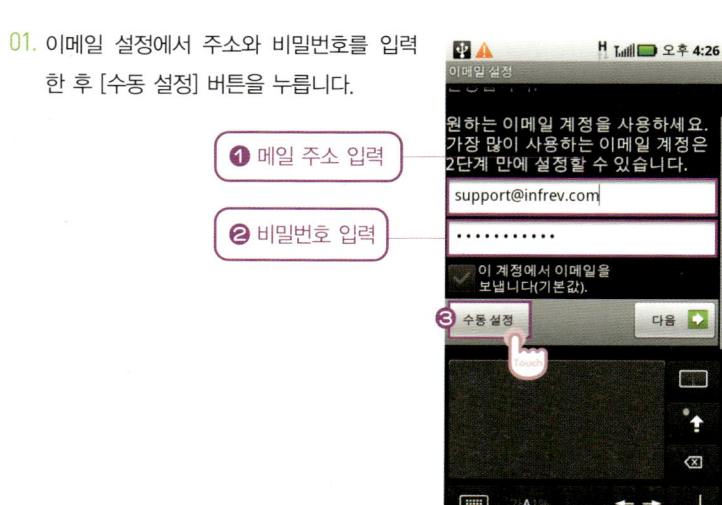

02. 계정 유형을 선택합니다. 여기서는 가운데 [IMAP]을 선택하였습니다.

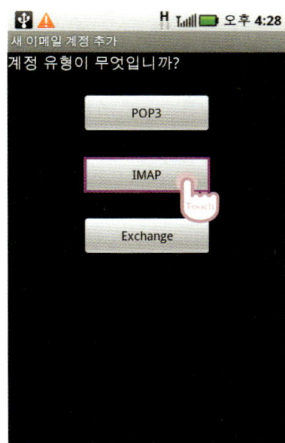

tip

계정 유형과 계정 설정 정보를 잘 모르실 경우에는 메일 시스템 관리자에게 문의하세요.

03. 수신 서버 설정 정보를 입력하고 [다음] 버튼을 누릅니다.

04. 발신 서버 설정 정보를 입력하고 [다음] 버튼을 누릅니다.

05. 계정 옵션을 설정합니다.

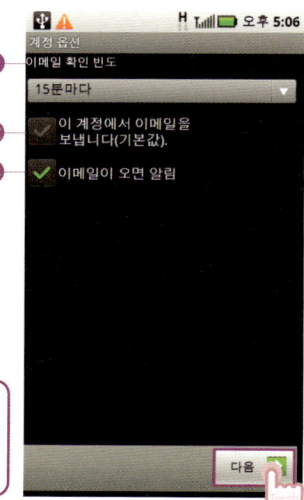

❶ 이메일을 확인하는 시간 간격
❷ 이메일을 지금 설정한 계정에서 보내려면 선택
❸ 메일을 수신할 경우 알림

06. 설정 확인이 끝나면 계정 이름과 발신 메시
지 이름을 입력하고 [완료] 버튼을 누릅니다.

❶ 다른 메일과 구분하기 위한 이름 입력
(예: 회사메일, 네이버메일, 공구메일 등)

❷ 메일을 보낼 때 표시되는 이름 (예: 홍길
동, Infrev 디자인팀 등)

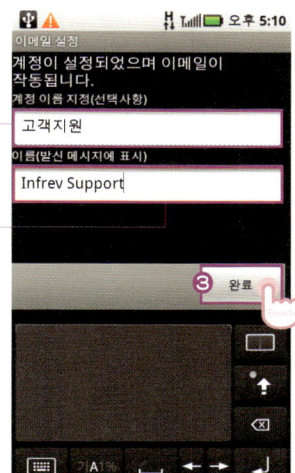

07. 메일 계정의 설정이 완료되었습니다.

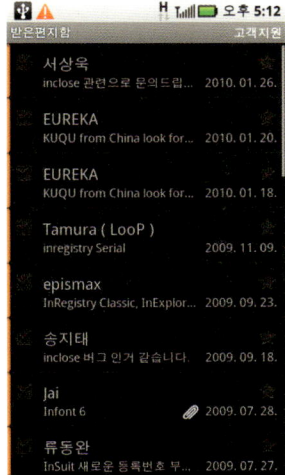

04 오피스 파일을 볼 수 있는 QuickOffice

QuickOffice는 Microsoft Office의 파일을 읽을 수 있는 강력한 뷰어입니다. 외부에서 업무 중에 굳이 PC를 찾지 않아도 메일에 첨부된 문서를 손쉽게 읽을 수 있습니다. QuickOffice는 파일의 편집이 불가능한 2.0 버전과 파일의 편집이 가능한 3.0 버전으로 구분되며, 안드로이드폰에 기본적으로 포함되어 있는 QuickOffice는 편집이 불가능한 2.0 버전입니다. 만약 편집이 필요하다면 안드로이드 마켓에서 10달러에 3.0 버전을 구매할 수 있습니다.

01 QuickOffice의 특징

QuickOffice는 다음과 같은 특징을 가지고 있습니다.

- QuickOffice는 Microsoft Office와 완벽히 호환되는 오피스 애플리케이션으로서, 안드로이드폰 뿐만 아니라 아이폰과 아이패드, 심비안 OS, 블랙베리, 팜 등 윈도우 모바일을 제외한 거의 대부분의 모바일 플랫폼을 지원합니다. 윈도우 모바일의 경우 QuickOffice가 지원되지 않는 대신 Microsoft가 직접 개발한 오피스 2010이 포함되어 있습니다.
- Office 97부터 Office 2008에서 작업한 오피스 파일을 직접 읽을 수 있습니다. 지원하는 파일 형식은 DOC, DOCX, XLS, XLSX, PPT, PPTX의 6가지입니다.
- Google Docs, Dropbox, Box.net, MobileMe 등의 서비스를 지원합니다.
- 이메일에 첨부된 대부분의 파일을 처리할 수 있습니다.
- PDF 파일을 읽을 수 있습니다.
- SD 카드 뿐만 아니라 원격 서버 저장을 지원합니다.

QuickOffice로 오피스 파일 보기

QuickOffice를 사용하려면 SD 카드에 오피스 문서 파일이 저장되어 있거나, 혹은 메일에 오피스 문서 파일이 첨부되어 있어야 합니다.

01. 메인 메뉴에서 [QuickOffice 아이콘]을 눌러서 QuickOffice를 실행합니다. 홈 화면에 QuickOffice 바로가기가 있을 경우에는 바로가기를 통해 바로 실행할 수도 있습니다.

02. QuickOffice를 처음 실행하면 외장 메모리와 최근 문서 중 파일이 저장된 위치를 선택합니다.

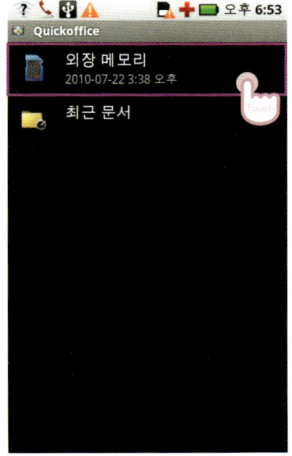

03. 열람할 파일을 선택합니다.

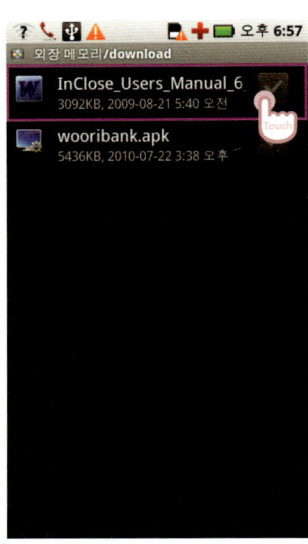

04. 오피스 문서 파일의 내용을 확인할 수 있습니다.

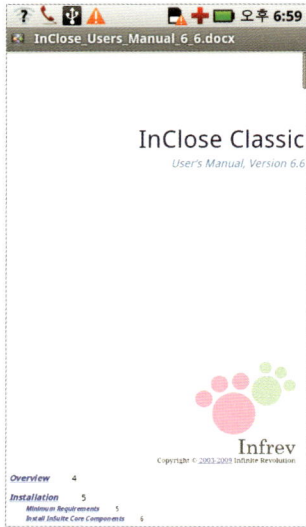

05. 문서를 두 번 누르면 [확대/축소] 버튼이 나타나 문서의 배율을 조절할 수 있습니다.

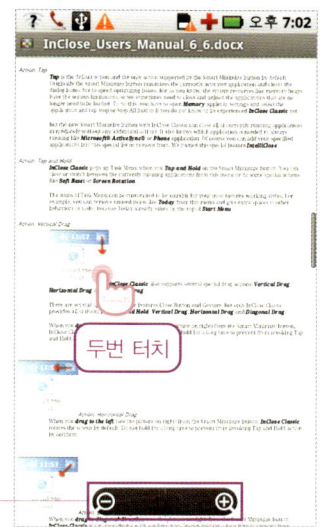

두번 터치

문서의 배율을 조절합니다.

06. 문서 내의 특정 단어를 검색하려면 메뉴 버튼을 누르고 [검색]을 선택합니다. 검색 내용을 입력한 후 [검색] 버튼을 누르면 문서에서 검색한 단어가 반전되어 표시됩니다.

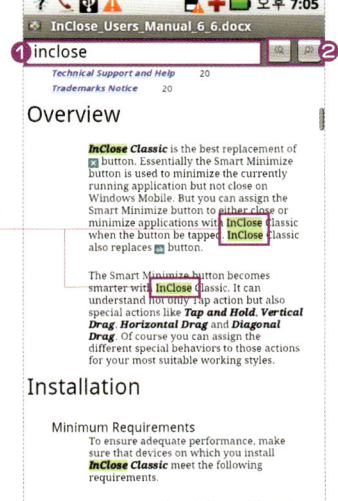

검색된 단어

❶ 검색어 입력
❷ 이전/다음에 검색되는 위치로 이동

안드로이드 마켓과
애플리케이션

안드로이드폰에도 아이폰의 앱스토어(App Store)와 마찬가지로 애플리케이션을 검색하고 다운로드할 수 있는 안드로이드 마켓이 준비되어 있습니다. 먼저 안드로이드 마켓을 이용하는 방법에 대해서 알아보고, 안드로이드 마켓을 통해 다운로드할 수 있는 편리한 애플리케이션 중에 많이 사용되고 자주 사용되는 것들에 대해서도 살펴 보겠습니다.

01 안드로이드 마켓

안드로이드 마켓은 안드로이드폰용 소프트웨어를 손쉽게 검색하고 다운로드하거나 구매할 수 있도록 구글에서 제공하고 있는 공간입니다.

01 안드로이드 마켓 둘러보기

먼저 안드로이드 마켓 안에는 무엇이 자리하고 있는지 한 번 둘러봅시다.

01. 메인 메뉴에서 [마켓 아이콘]을 눌러서 안드로이드 마켓을 실행합니다. 홈 화면에 마켓 바로가기가 있을 경우에는 바로가기를 통해 바로 실행할 수도 있습니다.

02. 안드로이드 마켓 이용 약관이 나오면 잘 읽어보고 [동의] 버튼을 누릅니다.

위아래로 스크롤하여 내용을 읽을 수 있습니다.

03. 안드로이드 마켓이 열립니다.

⓵ 원하는 애플리케이션을 검색합니다.
⓶ 애플리케이션을 분류별로 살펴봅니다.
⓷ 게임을 분류별로 살펴봅니다.
⓸ 내가 다운로드한 애플리케이션의 업데이트를
　살펴봅니다.

⓶ 애플리케이션 다운로드와 설치

안드로이드 마켓에서는 애플리케이션의 다운로드와 설치가 한 번에 이루
어집니다.

01. 다운로드할 애플리케이션을 선택합니다.

139

02. 선택한 애플리케이션의 상세 정보를 볼
수 있습니다.

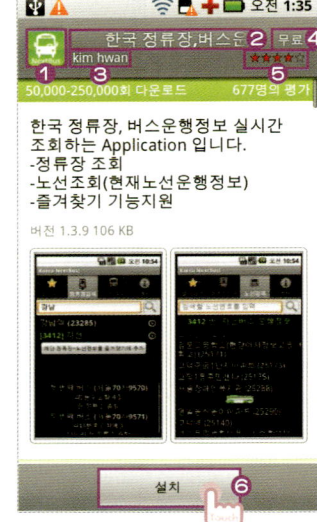

❶ 애플리케이션 아이콘
❷ 애플리케이션 이름
❸ 제작자/제작사
❹ 애플리케이션 가격
❺ 사용자 평점
❻ 여기를 눌러 애플리케이션을 설치합니다.

03. [설치] 버튼을 누르면 애플리케이션의 접
근 권한이 안내됩니다. 시스템에 영향을
미칠 수 있는 기능에 대해 안내하고 있으
므로 꼼꼼하게 읽어보아야 합니다. 설치를
계속 진행하려면 [확인] 버튼을 누릅니다.

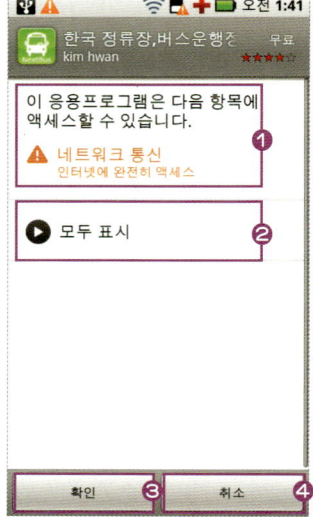

❶ 접근 권한
❷ 중요하지 않은 접근 권한도 모두 표시합
니다.
❸ 설치를 시작합니다.
❹ 설치를 취소합니다.

04. 설치는 백그라운드로 진행되며, 설치되는 과정은 안드로이드 마켓의 다운로드 화면에서 확인할 수 있습니다. 또는 알림/상태 표시 영역을 누른 상태에서 아래로 끌어 내려서 확인할 수도 있습니다.

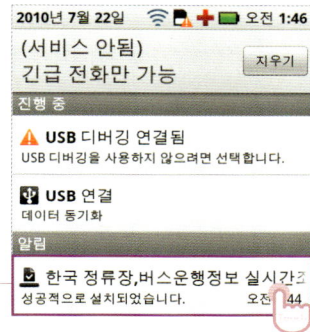

설치 정보가 표시됩니다.

03 이미 설치된 애플리케이션 업데이트하기

마켓에서는 새로운 애플리케이션을 설치할 수 있을 뿐만 아니라 기존에 설치했던 애플리케이션의 새 버전을 확인하고 업데이트할 수도 있습니다.

01. [다운로드] 버튼을 누릅니다.

02. 새 버전이 존재하는 애플리케이션의 목록
이 표시되면 [업데이트할 애플리케이션]
을 선택합니다.

새 버전이 존재하는
애플리케이션이 표시됩니다.

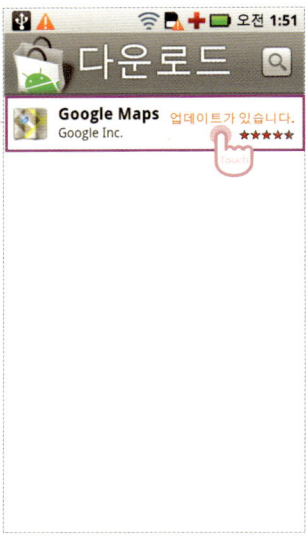

03. 업데이트 내용이 표시되면 [업데이트] 버
튼을 눌러 업데이트를 시작합니다.

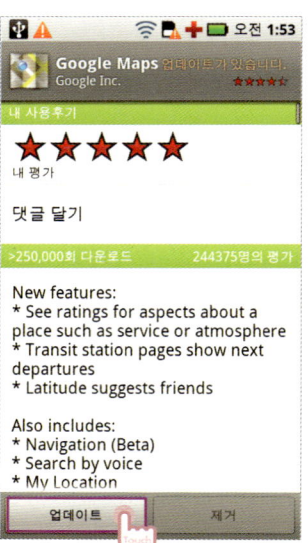

04. 응용프로그램 교체 알림 대화 상자가 표시되면 [확인] 버튼을 누릅니다. 업데이트를 취소하려면 취소 버튼을 누릅니다.

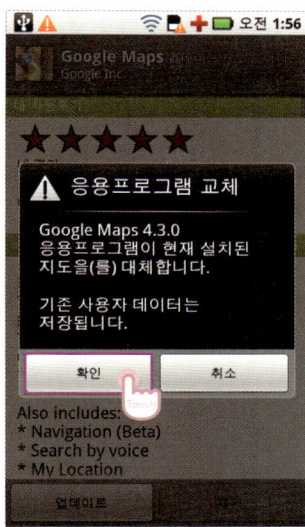

05. 업데이트 전에 애플리케이션의 접근 권한이 안내됩니다. 시스템에 영향을 미칠 수 있는 기능에 대해 안내하고 있으므로 꼼꼼하게 읽어보아야 합니다. 업데이트를 계속 진행하려면 [확인] 버튼을 누릅니다.

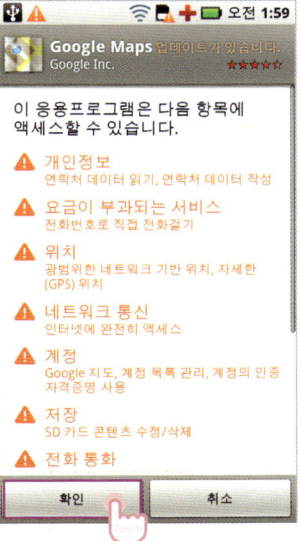

06. 다운로드 및 설치 과정이 그래프로 표시
됩니다.

다운로드 과정이 표시됩니다.

07. 업데이트가 완료되었습니다.

04 내게 맞는 애플리케이션 검색하기

애플리케이션의 이름이나 제작사, 심지어는 특징이나 연관된 단어 중 어느 한 가지만이라도 알고 있다면 내가 원하는 애플리케이션을 손쉽게 찾을 수 있습니다.

01. [검색] 버튼을 누릅니다.

02. 검색할 단어를 입력하고 [검색] 버튼을 누릅니다.

❶ 검색할 단어 입력

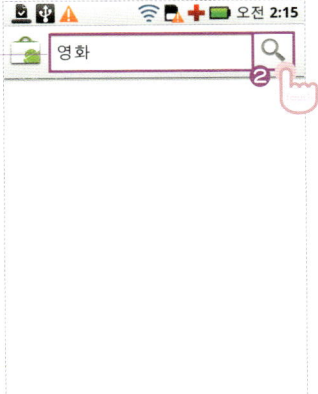

03. 관련 애플리케이션의 목록이 표시됩니다.

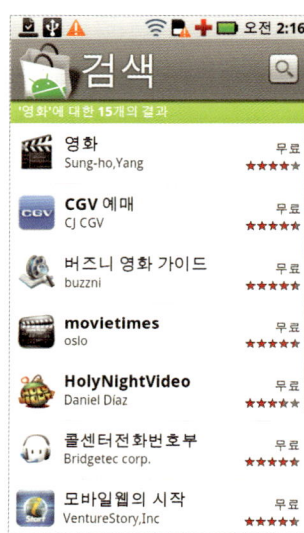

02 아스트로 파일 관리자로 파일 관리하기

아스트로 파일 관리자는 안드로이드폰에서 동작하는 파일 관리 애플리케이션 중에 가장 많이 사용되는 것 중 하나로써, 안드로이드 마켓에서 검색하며 설치할 수 있습니다.

이 름	아스트로 파일 관리자
제조사	METAGO
가 격	무료 (광고 버전) / 3.99달러 (비광고 버전)
마켓 검색어	Astro

01. 메인 메뉴에서 [ASTRO 아이콘]을 눌러서 아스트로 파일 관리자를 실행합니다.

02. 처음 실행했을 경우 라이센스에 [동의]해
    야 계속 사용할 수 있습니다.

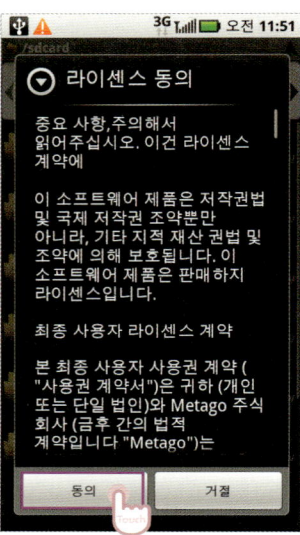

03. 파일 목록이 나타납니다.

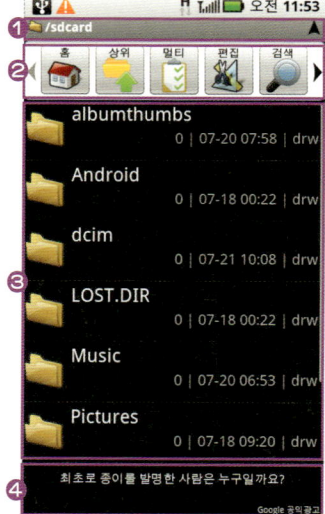

❶ 현재 위치
❷ 메뉴
❸ 파일 목록
❹ 유료 버전에서는 나타나지 않습니다.

01 파일 열기

01. 파일을 열려면 파일 이름을 손가락으로
가볍게 누릅니다.

02. 작업을 수행할 때 사용하는 응용프로그램
대화 상자에서 원하는 애플리케이션을 선
택합니다.

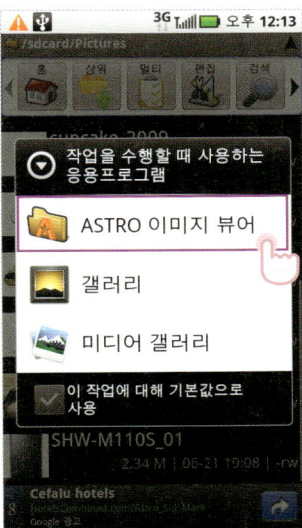

03. 열린 파일을 확인합니다.

02 파일 복사하기

파일을 복사하는 방법에 대해 알아봅니다.

01. 복사할 파일을 길게 누릅니다.

길게 누릅니다.

02. 파일 옵션 메뉴에서 [편집]을 선택합니다.

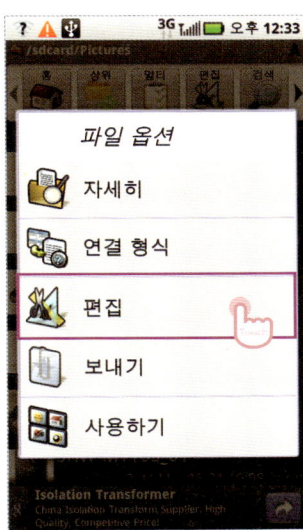

03. 편집 메뉴에서 [복사]를 선택합니다.

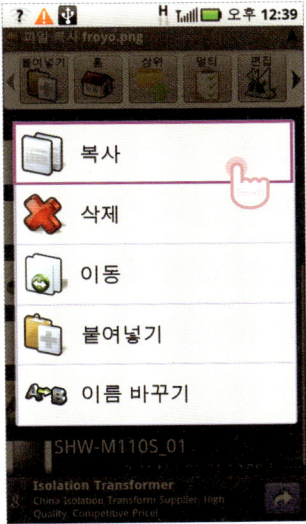

04. 복사할 폴더로 이동합니다. 상위 폴더로 이동하려면 [상위] 버튼을 누르면 됩니다.

상위 폴더로 이동합니다.

05. [붙여넣기] 버튼을 누르면 복사가 완료됩니다.

복사를 완료합니다.

복사된 파일

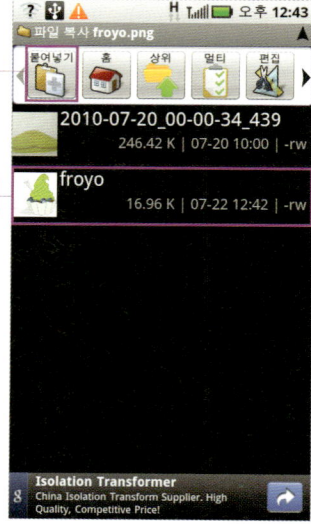

03 파일 삭제하기

파일을 삭제하는 방법에 대해 알아봅니다.

01. 삭제할 파일을 길게 누릅니다.

길게 누릅니다.

02. 파일 옵션 메뉴에서 [편집]을 선택합니다.

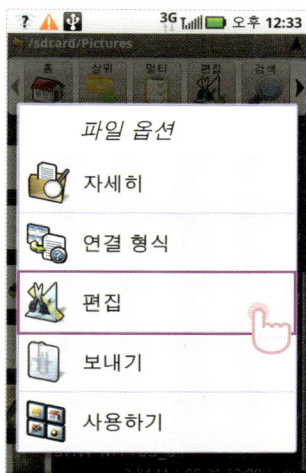

03. 편집 메뉴에서 [삭제]를 선택합니다.

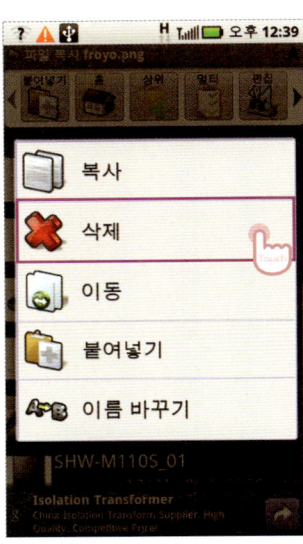

04. 삭제 확인 대화 상자에서 [삭제] 버튼을 누릅니다.

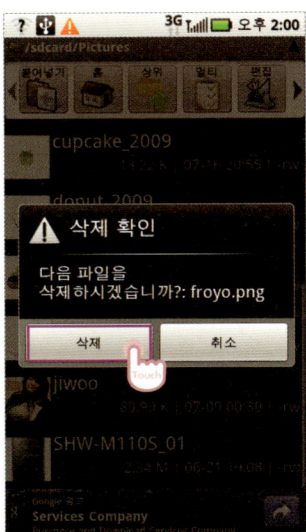

03 인터넷 뱅킹도 안드로이드폰으로

안드로이드폰을 이용하면 언제 어디서나 손쉽게 은행 업무를 처리할 수 있습니다. 스마트폰 뱅킹 애플리케이션은 단순한 계좌 조회 뿐만 아니라 이체 및 자산 관리까지 가능하기 때문에 활용도가 매우 높은 애플리케이션입니다. 현재 안드로이드용 스마트폰 뱅킹 애플리케이션을 서비스하고 있는 은행은 우리은행을 비롯하여, 하나은행, 국민은행, 신한은행, NH농협이며, 9개 지방은행은 2010년 말부터 서비스 예정입니다.

01 우리은행 스마트 뱅킹

우리은행 스마트 뱅킹은 안드로이드 마켓이 아닌 우리은행 모바일 사이트에서 직접 다운로드해야 합니다.

01. 인터넷 브라우저로
http://smt.wooribank.com/에 접속한
후, [안드로이드 설치 프로그램 다운로드]
버튼을 누릅니다.

> 우리은행 스마트뱅킹 설치
> 파일을 다운로드합니다.

02. 다운로드가 완료되면 wooribank.apk를 눌러서 설치 과정을 완료합니다.

03. 추가로 V3+ Mobile의 설치도 완료하면 우리은행 스마트 뱅킹을 자유롭게 사용 할 수 있습니다.

 **KB 스타 뱅킹**

KB 스타 뱅킹은 안드로이드 마켓이 아닌 SK 텔레콤에서 서비스하고 있는 T 스토어와 국민은행 모바일 사이트에서 직접 다운로드해야 합니다. 여기서는 국민은행 모바일 사이트를 통해 다운로드하는 방법에 대해 알아봅니다.

01. 인터넷 브라우저로 http://m.kbstar.com/에 접속한 후, [안드로이드 설치파일 다운로드] 버튼을 누릅니다.

> KB 스타 뱅킹 설치 파일을 다운로드합니다.

02. 다운로드가 완료되면 KBbank.apk를 눌러서 설치 과정을 완료합니다.

03. 추가로 V3+ Mobile의 설치도 완료하면
KB 스타 뱅킹을 사용할 수 있게 됩니다.

03 하나 N BANK

하나 N Bank는 안드로이드 마켓이 아닌 SK 텔레콤에서 서비스하고 있
는 T 스토어와 하나은행 모바일 사이트에서 직접 다운로드해야 합니다.
여기서는 하나은행 모바일 사이트를 통해 다운로드하는 방법에 대해 알아
봅니다.

01. 인터넷 브라우저로
http://m.hanabank.com/download 에
접속한 후, [안드로이드 설치파일 다운로
드] 버튼을 누릅니다.

하나 N Bank 설치 파일을 다운로드합니다.

02. 다운로드가 완료되면
HanaNBankAndroidInst.apk를 눌러서
설치 과정을 완료합니다.

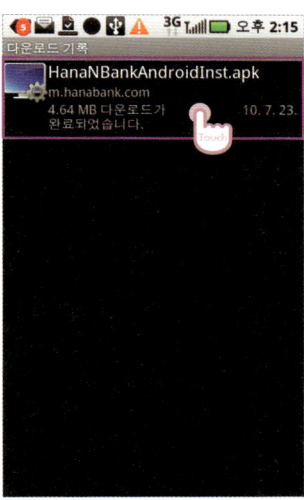

03. 추가로 V3+ Mobile의 설치도 완료하면
하나 N Bank를 사용'할 수 있게 됩니다.

04 신한 S뱅크

신한 S뱅크는 안드로이드 마켓이 아닌 SK 텔레콤에서 서비스하고 있는 T 스토어와 신한은행 모바일 사이트에서 직접 다운로드해야 합니다. 여기서는 신한은행 모바일 사이트를 통해 다운로드하는 방법에 대해 알아봅니다.

01. 인터넷 브라우저로
http://m.shinhan.com/utility/Sbank.jsp
에 접속한 후, [안드로이드 탭]을 누르고
[APP 다운로드] 버튼을 누릅니다.

02. 데이터 요금 부과 안내 대화 상자에서 [확인] 버튼을 누릅니다.

03. 다운로드가 완료되면 SBANK_ADR_20100721.apk를 눌러서 설치 과정을 완료합니다. 버전에 따라 파일명은 달라질 수 있습니다.

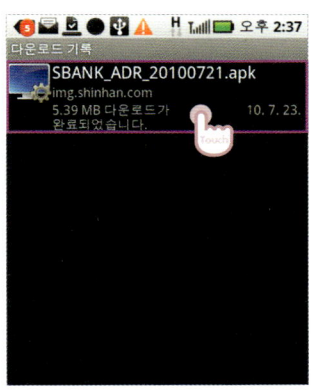

04 추가로 V3+ Mobile의 설치도 완료하면 신한 S뱅크를 사용할 수 있습니다.

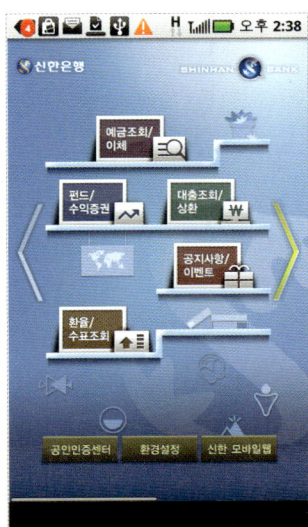

NH 스마트뱅크

NH 스마트뱅크는 안드로이드 마켓이 아닌 SK 텔레콤에서 서비스하고 있는 T 스토어와 NH 농협 모바일 사이트에서 직접 다운로드해야 합니다. 여기서는 NH 농협 모바일 사이트를 통해 다운로드하는 방법에 대해 알아봅니다.

01. 인터넷 브라우저로 http://m.nonghyup.com/에 접속한 후, [스마트뱅킹 아이콘]을 누릅니다.

02. [안드로이드 OS] 버튼을 누르고 [NH 스마트뱅킹 다운로드] 버튼을 누릅니다.

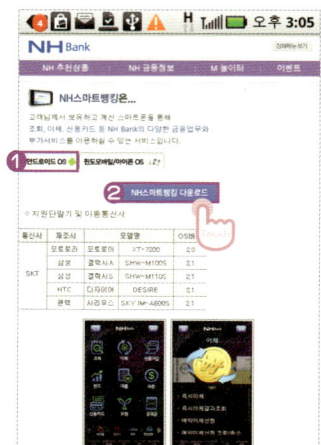

03. 안드로이드 마켓에서 자동으로 다운로드
와 설치가 진행됩니다.

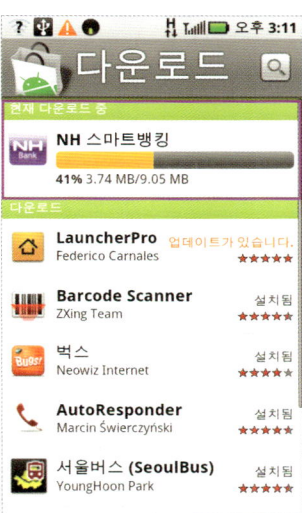

04. 추가로 V3+ Mobile의 설치도 완료하면
NH 스마트뱅크 사용이 가능합니다.

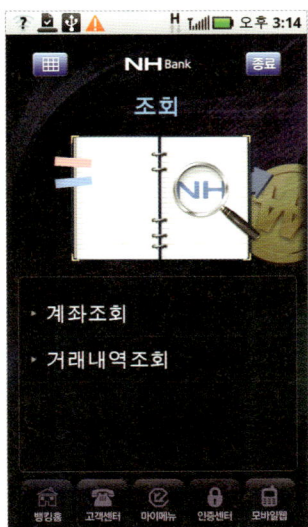

04 주식 관리 및 투자

안드로이드폰을 이용하면 인터넷 뱅킹 뿐만 아니라 주식 관리 및 투자도 언제 어디서나 할 수 있습니다. 현재 안드로이드폰용 주식 관리 프로그램은 미래에셋증권, 삼성증권 등의 증권사가 제공하고 있으며, 특정 증권사가 아닌 통합 관리가 가능한 형태의 애플리케이션도 사용이 가능합니다.

01 미래에셋증권 M-STOCK

미래에셋증권 M-Stock은 안드로이드 마켓에서 다운로드가 가능합니다.

01. 안드로이드 마켓에서 M-Stock으로 검색하면 미래에셋증권 M-Stock을 설치할 수 있습니다.

이 책에서 설명하고 있지 않은 증권사는 각 증권사의 홈페이지에서 안드로이드폰용 애플리케이션 지원 여부를 확인하실 수 있습니다.

02. [설치] 버튼을 눌러 M-Stock의 설치를
    시작합니다.

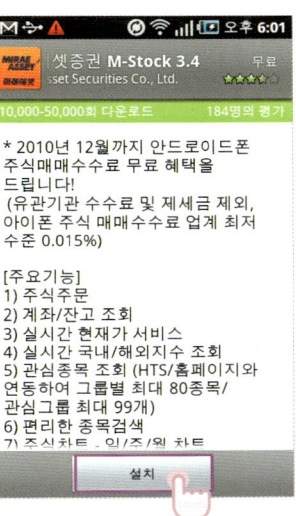

03. 안드로이드 마켓에서 자동으로 다운로드
    와 설치가 진행됩니다.

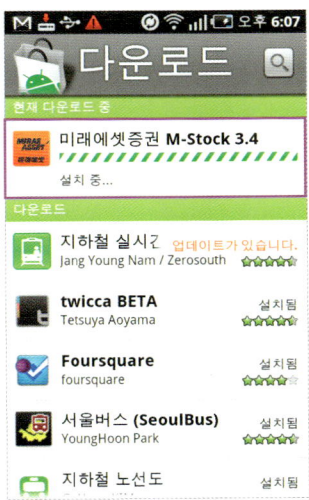

04. VGuard가 실행되면서 휴대폰의 바이러
스나 위험 요소가 있는지 확인합니다.
[휴대폰 검사 시작]을 누르면 검사가 시
작됩니다. 검사를 완료하면 [종료] 버튼을
누릅니다.

05. 로그인 화면이 나타나면 M-Stock을 사
용할 수 있습니다.

02 삼성증권 mPOP

삼성증권 mPOP은 안드로이드 마켓에서 다운로드가 가능합니다.

01. 안드로이드 마켓에서 삼성증권으로 검색
하면 삼성증권 mPOP을 설치할 수 있습
니다. HTS인 mPOP pro와 일부 기능만
포함하고 있는 mPOP easy 중 사용하고
자 하는 것을 선택하여 설치할 수 있습니
다. 자세한 내용은 삼성증권 홈페이지
(http://samsungfn.com/)에서 확인하세
요.

02. [설치] 버튼을 눌러 mPOP의 설치를 시
작합니다.

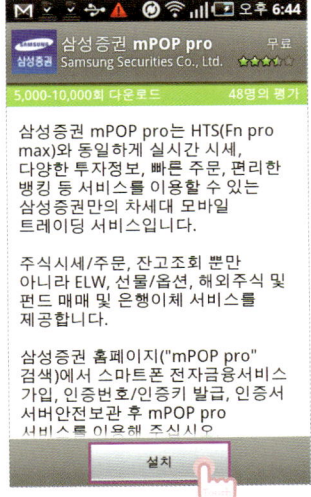

167

03. 안드로이드 마켓에서 자동으로 다운로드
와 설치가 진행됩니다.

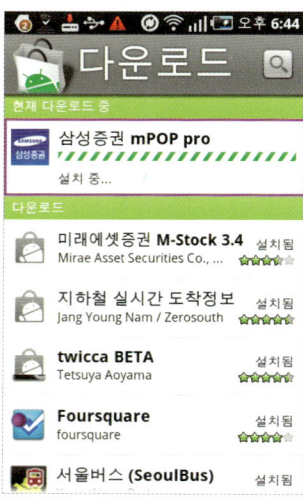

04. V3 Mobile+ 설치 화면이 나타나면 [설
치] 버튼을 눌러 설치를 시작합니다.

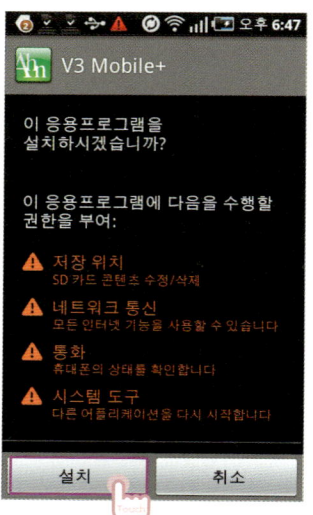

05. V3 Mobile+의 설치가 완료되면 [완료] 버튼을 누릅니다.

06. 경고 화면이 나타나면 [확인] 버튼을 누릅니다.

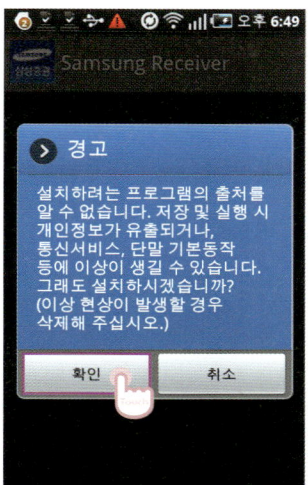

07. Samsung Receiver 설치 화면이 나타
나면 [설치] 버튼을 눌러 설치를 시작합
니다.

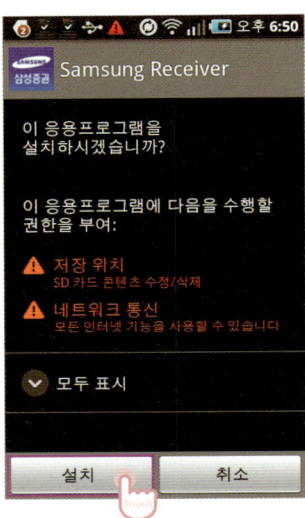

08. Samsung Receiver의 설치가 완료되면
[완료] 버튼을 누릅니다.

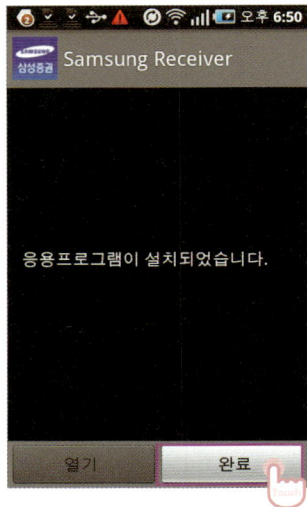

09. mPOP 사용 등록을 마치면 mPOP을 사용할 수 있습니다.

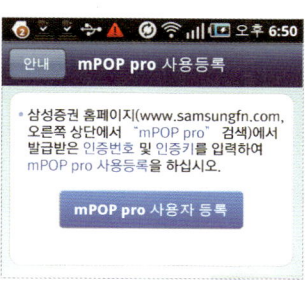

03 T STOCK

T Stock은 SK Telecom에서 제공하는 안드로이드폰용 주식 관리 애플리케이션으로서 한화증권, 동양증권, SK증권, 현대증권 등에서 사용하고 있으며, 특정 증권사에 상관없이 사용 가능한 통합 애플리케이션입니다. T Stock은 T store에서 설치하실 수 있습니다.

01. [T store]를 실행합니다.

02. T store에서 T stock을 검색하여 설치합
니다.

03. T stock을 실행하면 종합 주가지수와 관
심 종목, 그리고 최신 뉴스로 구성된 초
기 화면이 표시됩니다.

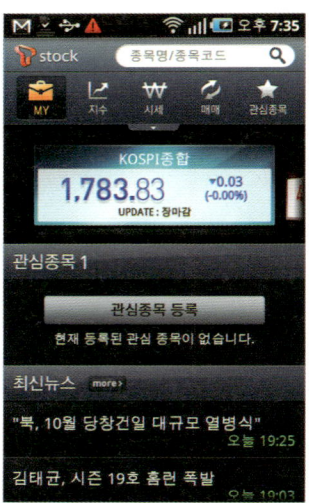

05 애플리케이션 관리하기

apk 파일은 안드로이드 설치 묶음(Android Package) 파일입니다. 대부분의 애플리케이션은 마켓을 통해 직접 다운로드하고 설치할 수 있으나 베타 테스트용으로 개발된 애플리케이션이나 직접 개발한 애플리케이션의 경우, 마켓에 등록하기 전에는 apk 파일을 수동으로 설치해야만 합니다.

01 애플리케이션 설치 제한 설정

안드로이드폰을 처음에 구입하면 기본적으로 안드로이드 마켓에서 다운로드받은 애플리케이션만 설치할 수 있게 설정되어 있습니다. 하지만 apk 파일을 직접 설치하려면 이 설정을 해제해야 합니다.

01. 홈 화면에서 메뉴 버튼을 누르고 [설정]을 선택합니다.

02. 설정 화면에서 [응용프로그램]을 선택합니다.

03. 안드로이드 마켓이 아닌 곳에서 다운로드
한 애플리케이션을 설치하려면 [알 수 없
는 소스]를 사용하도록 설정합니다.

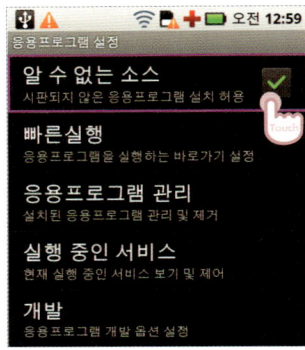

02 APK 파일을 SD 카드에 복사하기

apk 파일을 설치하려면 apk 파일이 SD 카드에 들어있어야 합니다.

01. 안드로이드폰과 PC를 케이블로 연결합니다.

02. USB가 연결되어 상태/알림 영역에 [USB
연결 아이콘]이 표시되면 상태/알림 영역
을 누른 채로 아래로 끌어내립니다.

03. 상태/알림 창에서 [USB 연결]을 누릅니다.

04. 제품에 따라 [외장 메모리 관리]를 선택하거나 [마운트]를 선택합니다.

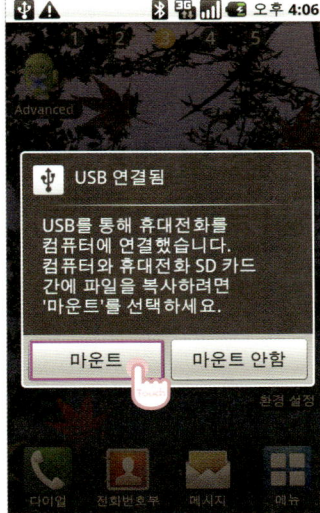

05. PC에 새 드라이브가 추가되면서 SD 카드에 apk 파일을 복사할 수 있게 됩니다.

일부 제품은 연결 과정 없이 케이블을 연결하는 것만으로 PC와 연결이 될 수 있습니다. 자세한 사항은 동봉되어 있는 설명서를 읽어 보세요.

03 아스트로 파일 관리자로 APK 파일 설치하기

아스트로 파일 관리자를 이용하여 apk 파일을 간단히 설치할 수 있습니다.

01. 아스트로 파일 관리자를 실행합니다.

02. 설치할 apk 파일을 살짝 누릅니다.

03. 애플리케이션 파일 대화 상자에서 [앱 관리자 열기] 버튼을 누릅니다.

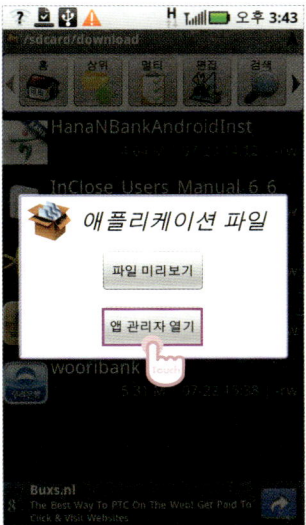

04. 파일 상세 보기 화면에서 [설치] 버튼을 누르면 apk 파일이 설치됩니다.

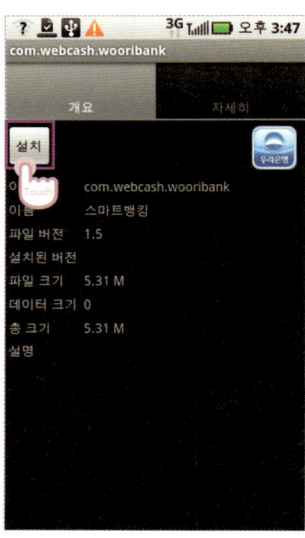

05. 설치 확인 화면에서 내용을 확인한 후 [설치] 버튼을 누릅니다.

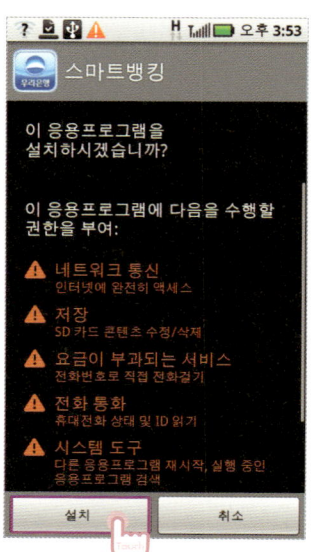

06. 설치 과정을 화면에서 확인할 수 있습니다.

07. 설치가 완료되면 [열기] 버튼을 눌러 바로 실행하거나, [완료] 버튼을 눌러 설치 과정을 마칠 수 있습니다.

❶ 설치한 애플리케이션을 실행합니다.
❷ 설치 과정을 마칩니다.

아스트로 파일 관리자로 애플리케이션 제거하기

아스트로 파일 관리자에는 설치된 애플리케이션을 백업하거나 제거할 수
있는 애플리케이션 관리자가 포함되어 있습니다.

01. 아스트로 파일 관리자에서 메뉴 버튼을 누
    르고 [도구]를 선택합니다.

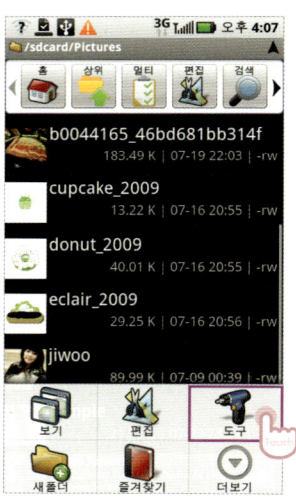

02. 도구 메뉴에서 [애플리케이션 관리자/백업]
    을 선택합니다.

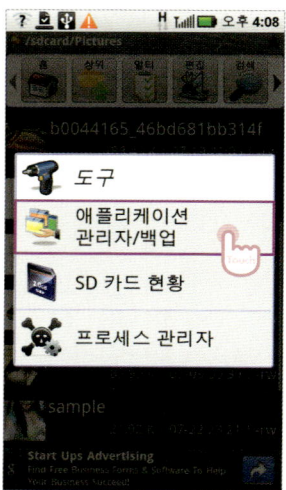

03. 애플리케이션 관리자에서 제거할 애플리
케이션을 선택합니다.

04. 메뉴 버튼을 누르고 [제거]를 선택합니다.

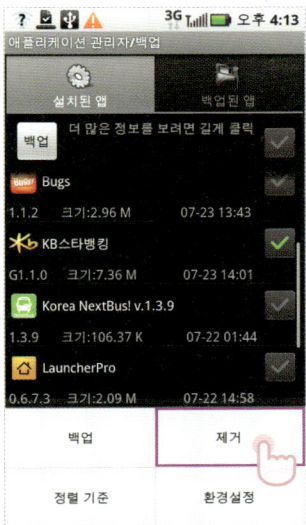

05. 제거 확인 대화상자에서 [확인] 버튼을
누릅니다.

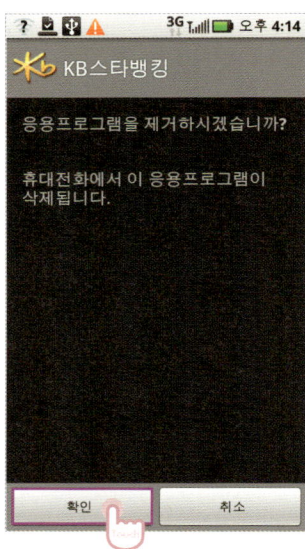

06. [확인] 버튼을 눌러 제거를 완료합니다.

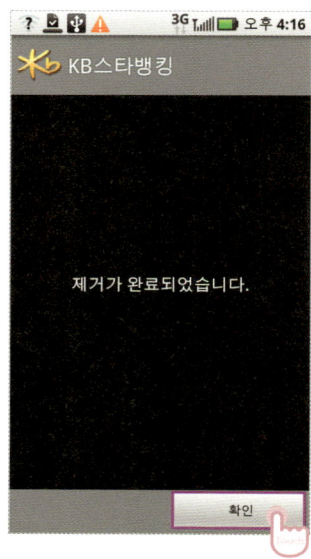

APPMONSTER로 APK 파일 설치하기

AppMonster는 파일 관리자인 아스트로 파일 관리자와 달리 애플리케이션의 설치와 제거만을 위해 개발된 애플리케이션입니다. AppMonster를 이용하면 SD 카드에서 apk 파일을 직접 찾아다닐 필요없이 모든 apk 파일을 보며 설치가 가능합니다.

01. 메인 메뉴에서 [AppMonster 아이콘]을 눌러서 AppMonster를 실행합니다.

02. 설치되어 있는 애플리케이션의 목록이 나타납니다. 새로운 애플리케이션의 설치를 위해 메뉴 버튼을 누르고 [Install]을 선택합니다.

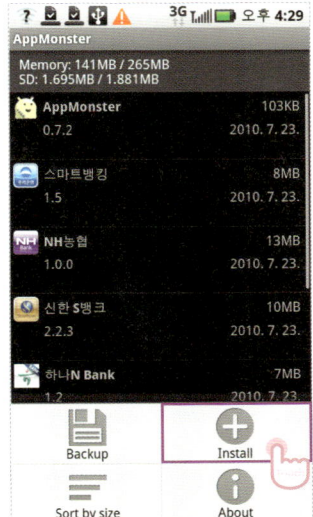

03. apk 파일이 저장되어 있는 위치에 따라 목록이 나타나지 않는 경우에는 메뉴 버튼을 누르고 [Whole SD]를 선택하면 SD 카드에 저장된 모든 apk 파일을 볼 수 있습니다.

04. 설치할 파일을 선택합니다.

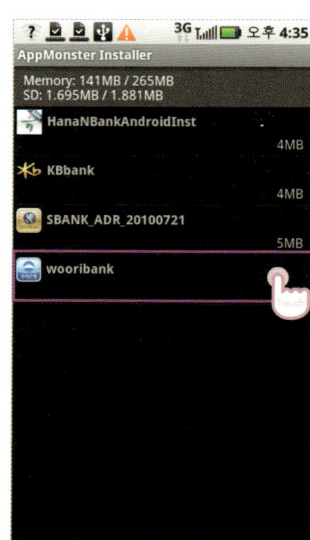

05. 팝업 메뉴에서 [Install]을 선택합니다.

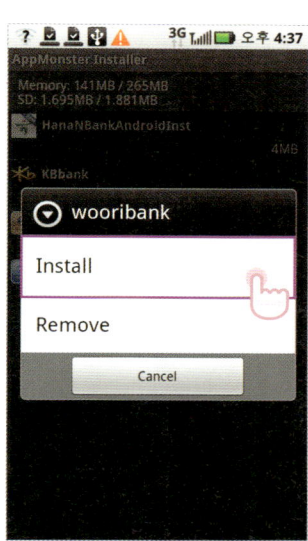

06. 설치 확인 화면에서 내용을 확인한 후 [설치] 버튼을 누릅니다.

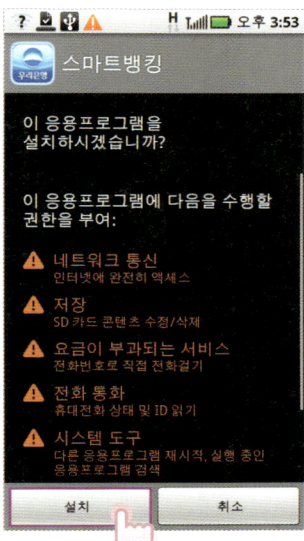

07. 설치 과정을 화면에서 확인할 수 있습니다.

08. 설치가 완료되면 [열기] 버튼을 눌러 바로 실행하거나, [완료] 버튼을 눌러 설치 과정을 마칠 수 있습니다.

❶ 설치한 애플리케이션을 실행합니다.
❷ 설치 과정을 마칩니다.

APPMONSTER로 애플리케이션 제거하기

AppMonster로 애플리케이션을 제거하는 것도 설치만큼이나 간단합니다.

01. AppMonster 화면에서 제거할 애플리케이션을 선택합니다.

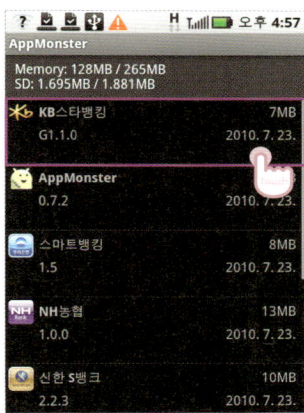

02. 관리 메뉴에서 [Uninstall]을 선택합니다.

03. 제거 확인 대화상자에서 [확인] 버튼을 누릅니다.

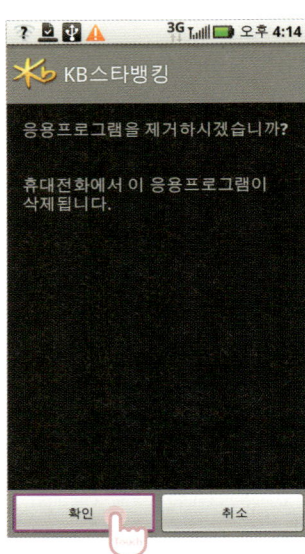

04. [확인] 버튼을 눌러 제거를 완료합니다.

CHAPTER 8

내게 꼭 필요한
안드로이드 애플리케이션

안드로이드폰에서 가장 많이 애용되는 안드로이드 애플리케이션을 모아서
소개해 드리겠습니다.

01 버스가 언제 오지?
SeoulBus

SeoulBus는 서울과 경기도 버스 정류장 정보와 버스 도착 시간을 실시간으로 알려주는 유용한 애플리케이션으로서, 정류장 번호와 노선 번호로 검색이 가능할 뿐만 아니라 지도를 통한 주변 정류소 검색도 가능합니다.

이 름	SeoulBus
제조사	박영훈(YoungHoon Park)
가 격	무료 (광고 버전) / 3.99달러 (비광고 버전)
마켓 검색어	SeoulBus

tip

이 애플리케이션은WiFi나 3G 데이터 네트워크를 사용하므로 외부에서 사용하실 때는 데이터 요금 부과에 주의하세요.

01 노선 번호로 검색하기

찾고자 하는 노선의 버스가 어디를 경유하여 운행하는지, 그리고 현재 주행 중인 차량의 위치를 한 눈에 알 수 있습니다.

01. 노선 번호를 선택하고 찾고자 하는 [노선 번호를 입력]합니다. 번호를 정확하게 기억하지 못할 때는 일부만 입력할 수 있습니다.

02. [원하는 노선을 선택]합니다.

03. 선택한 노선의 상세 정보가 나타납니다. 운행 구간 정보를 보려면 [이 버스의 노선 운행 구간 정보 보기] 버튼을 누릅니다. 자주 탑승하는 노선이라면 [즐겨찾기에 추가] 버튼을 눌러 즐겨찾기에 추가할 수 있습니다.

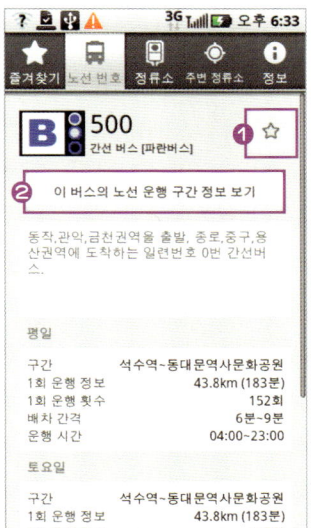

❶ 즐겨찾기에 추가합니다.
❷ 노선 운행 구간 정보를 표시합니다.

04. 노선 운행 정보를 정류장별로 살펴볼 수 있으며, 현재 차량의 위치를 확인할 수 있습니다. [시흥유통센터]를 선택합니다.

① 현재 내가 있는 정류소를 검색합니다.
② 정류소 이름
③ 현재 정류소 간 차량 위치

05. 정류소를 선택하면 해당 정류소에 접근하거나 정차 중인 버스의 노선을 확인할 수 있습니다. 150번 버스를 선택합니다.

① 정류소의 위치를 지도에서 확인합니다.
② 정류소를 즐겨찾기에 추가합니다.
③ 최신 정보를 다시 받아옵니다.

06. 노선 번호를 선택하면 선택한 노선이 지정한 정류소에 언제 도착하는지 확인할수 있습니다.

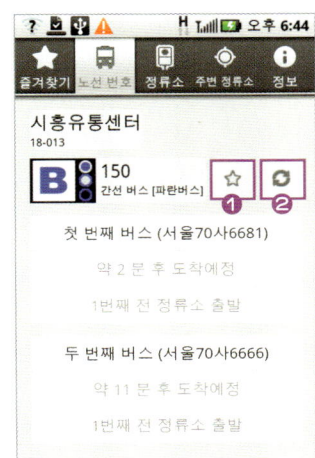

❶ 정류소를 즐겨찾기에 추가합니다.
❷ 최신 정보를 다시 받아옵니다.

02 정류소 번호로 검색하기

서울의 버스 정류소는 모두 다섯 자리의 번호를 가지고 있어서, 정류소를 번호로 검색할 수 있습니다. 정류소 번호는 정류소 표지판에 표시되어 있습니다.

01. [정류소를 선택]하고 찾을 정류소 번호를 입력합니다. 만약 숫자를 입력해도 검색이 되지 않는다면 왼쪽의 버튼이 [1가] 상태인지 확인합니다. 일부만 입력하여 검색할 수도 있습니다. [시흥유통센터] 정류소를 선택합니다.

정류소 번호 검색과 명칭 검색 사이를 전환합니다.

02. 정류소를 선택하면 해당 정류소에 접근하
거나 정차 중인 버스의 노선을 확인할 수
있습니다. 150번 버스를 선택합니다.

❶ 정류소의 위치를 지도에서 확인합니다.
❷ 정류소를 즐겨찾기에 추가합니다.
❸ 최신 정보를 다시 받아옵니다.

03. [노선 번호]를 선택하면 선택한 노선이 지
정한 정류소에 언제 도착하는지 확인할수
있습니다.

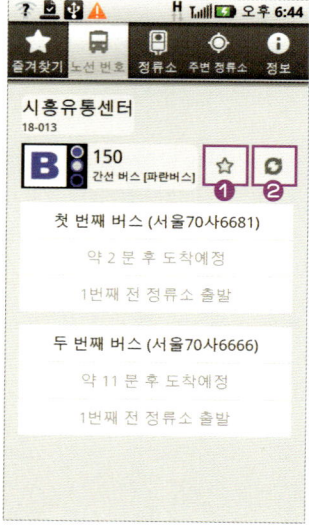

❶ 정류소를 즐겨찾기에 추가합니다.
❷ 최신 정보를 다시 받아옵니다.

 정류소 명칭으로 검색하기

번호를 잘 모르거나 특정 지역의 정류소를 검색하고 싶을 때는 명칭 검색을 이용할 수 있습니다.

01. [정류소]를 선택하고 찾을 정류소 명칭을 입력합니다. 명칭이 전부 기억나지 않을 때는 일부만 입력하여 검색할 수도 있습니다. 만약 숫자만 입력된다면 왼쪽의 [1가] 버튼을 눌러 [가1] 상태로 변경합니다.

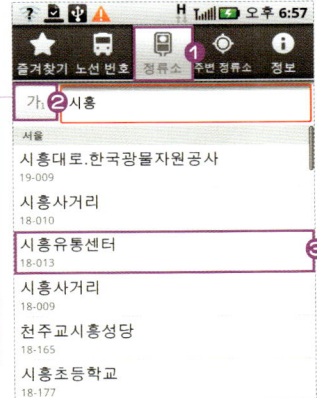

정류소 번호 검색과 명칭 검색 사이를 전환합니다.

02. 정류소를 선택하면 해당 정류소에 접근하거나 정차 중인 버스의 노선을 확인할 수 있습니다.

03. [노선 번호]를 선택하면 선택한 노선이 지정한 정류소에 언제 도착하는지 확인할수 있습니다.

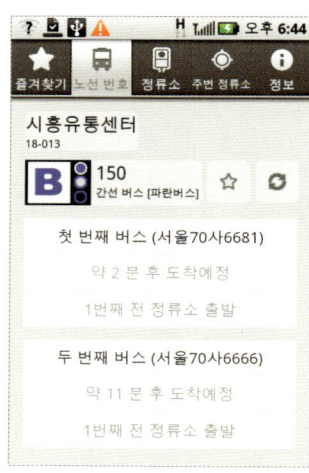

04 내 주변 정류소 검색하기

현재 내가 있는 곳의 주변에 있는 정류소를 지도를 보고 검색할 수 있습니다.

01. [주변 정류소]를 선택하고 [지도에서 보기] 버튼을 누릅니다.

02. 지도가 열리면서 현재 내 위치와 함께 주변의 정류소가 표시됩니다. [정류소 아이콘]을 누르면 정류소의 이름과 정류소 번호가 표시됩니다.

03. 정류소 이름을 눌러 정류소를 선택하면
해당 정류소에 접근하거나 정차 중인 버
스의 노선을 확인할 수 있습니다.

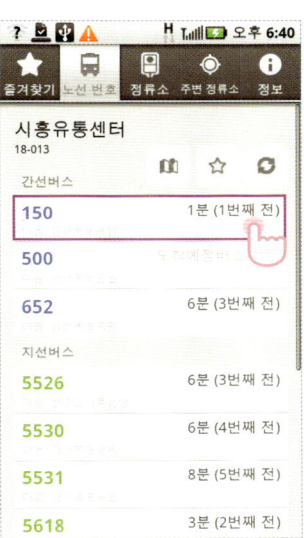

04. [노선 번호]를 선택하면 선택한 노선이 지
정한 정류소에 언제 도착하는지 확인할수
있습니다.

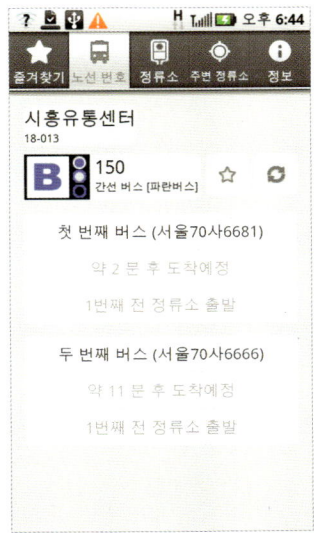

02 안막히는 길을 알려줘!
논스톱 교통 정보

항상 막히고 짜증나는 출퇴근길. 때로는 차를 길에 버리고 싶은 충동도 느끼게 되는데요. 논스톱 교통 정보로 교통 정보를 실시간으로 확인하면 불편함이 조금은 가시지 않을까요?

이 름	논스톱 교통 정보
제조사	크루메이트(Crewmate)
가 격	무료
마켓 검색어	논스톱

01. 논스톱 교통 정보는 크게 서울도시고속도로의 교통 정보와 고속도로의 교통 정보로 나누어 서비스되고 있습니다.

02. 제공처를 선택한 후 교통 정보를 확인하고자 하는 도로를 선택합니다.

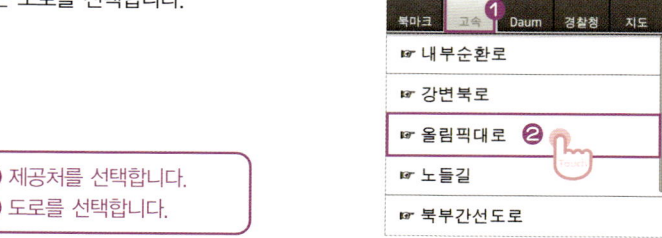

❶ 제공처를 선택합니다.
❷ 도로를 선택합니다.

03. 도로 교통 정보를 상세하게 확인할 수 있습니다.

04. 제공처에 따라 지도와 함께 상세 정보가 표시되는 경우도 있습니다.

03 최신 음악을 바로바로!
벅스뮤직

벅스는 음악 판매 사이트인 벅스뮤직(http://www.bugs.co.kr/)의 음악을 감상하고 구매할 수 있는 뮤직 애플리케이션입니다. 2010년 7월 현재 해외에서는 사용이 불가능하며 국내에서만 서비스가 가능합니다.

이 름	벅스
제조사	NeoWiz Internet
가 격	무료 / 음악듣기와 구매는 별도
마켓 검색어	벅스

벅스 애플리케이션은 크게 벅스뮤직과 마이 뮤직으로 구분되어 있습니다. 벅스뮤직은 벅스의 음악을 감상하고 다운로드할 수 있는 메뉴이며, 마이 뮤직은 벅스에서 구매한 음원을 확인하거나 다운로드할 수 있는 메뉴입니다.

01. 벅스뮤직은 크게 실시간 TOP 100, 벅스
TOP 100, 장르별 음악, 최신곡 그리고
뮤직 비디오로 구성되어 있습니다. 각각
의 메뉴는 벅스의 메뉴와 대응됩니다. 여
기서는 실시간 TOP 100을 살펴보겠습
니다.

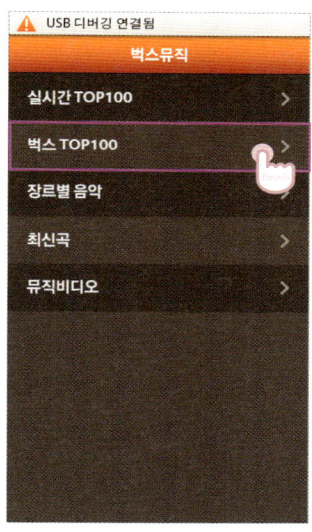

02. 현재 가장 인기 있는 100곡의 목록이 표
시되는데, 곡을 한 번 누르면 선택이 되
고, 한 번 더 누르면 선택이 취소됩니다.
[듣기] 버튼을 누릅니다.

❶ 선택된 음원
❷ 선택된 음악 바로 듣기
❸ 선택된 음악을 플레이리스트에 추가하기

03. [듣기] 버튼을 누르면 음악 플레이어가 열리면서 음악이 재생됩니다.

04. 플레이리스트를 확인하려면 메뉴 버튼을 누르고 [Playlist]를 선택합니다.

05. 플레이리스트는 직접 편집이 가능하고, 재
    생도 가능합니다.

플레이리스트를 편집합니다.

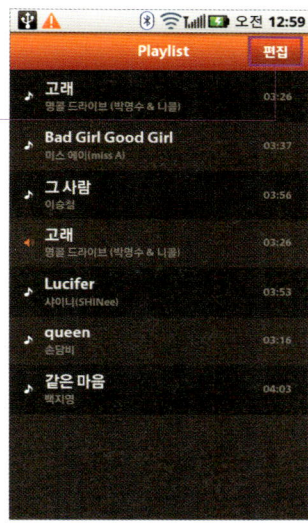

06. 뮤직비디오를 감상할 수도 있습니다.

 마이뮤직

마이뮤직은 내 음원을 관리하는 곳입니다.

01. 마이뮤직을 사용하려면 벅스의 아이디가 있어야 합니다. 아이디가 없더라도 걱정할 필요없이 안드로이드폰에서 바로 가입이 가능합니다.

❶ 아이디 입력
❷ 비밀번호 입력
❸ 로그인
❹ 아이디가 없을 경우 누릅니다.

02. 마이뮤직은 내가 생성한 앨범과 내가 벅스에서 구매했던 곡들을 들을 수 있는 나의 보관함, 그리고 안드로이드폰에 저장되어 있는 곡들을 들을 수 있는 Local Library로 구성되어 있습니다.

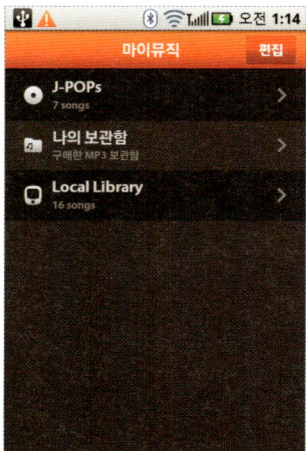

 마이페이지

메뉴 버튼을 누르고 [마이페이지]를 선택
하면 벅스 회원 가입 및 결제 현황이 표시
됩니다.

04 영화 예매도 바로바로! CGV 예매

영화를 자주 보는 분이라면 스마트폰에서 바로 예매가 가능한 CGV 예매를 이용해 보세요. 영화 정보를 한눈에 보면서 즐거운 예약을 할 수 있습니다.

이 름	CGV 예매
제조사	CJ CGV
가 격	무료
마켓 검색어	CGV

01 영화 정보 보기

01. CGV의 메인 메뉴에서 [무비차트]를 선택합니다.

02. 무비차트는 예매율 순서, 관람객 순서 등
여러 가지 방식으로 영화 순위를 확인할
수 있는 메뉴입니다.

03. 영화의 포스터와 예매율, 그리고 기본 정
보를 확인할 수 있습니다.

04. [상세보기] 버튼을 누르면 영화에 대한 더
자세한 정보를 볼 수 있습니다

05. 상세보기 버튼을 누르면 시놉시스, 스틸
컷, 20자평 등의 정보를 보다 상세하게
볼 수 있습니다.

 영화 예매하기

01. 예매를 위해 CGV 회원 정보를 입력하여
야 합니다. CGV 회원이 아닌 경우 비회
원 구매를 선택하고 신상 정보를 입력합
니다.

① 아이디 입력
② 비밀번호 입력
③ 로그인
④ 비회원인 경우 선택합니다.

02. 예매할 영화를 선택합니다.

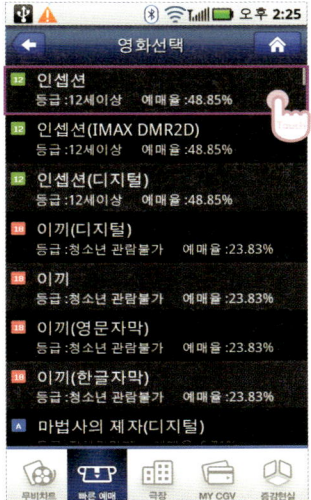

03. 예매할 극장을 선택합니다. 영화에 따라
상영하지 않는 극장이 있으니 주의하세
요. GPS를 통해 내 위치를 판단하여 내
위치에서 가까운 극장을 고를 수도 있습
니다.

04. 예매할 날짜와 상영 시간을 선택합니다. 당일을 포함하여 최대 4일 내의 영화
를 예매할 수 있습니다.

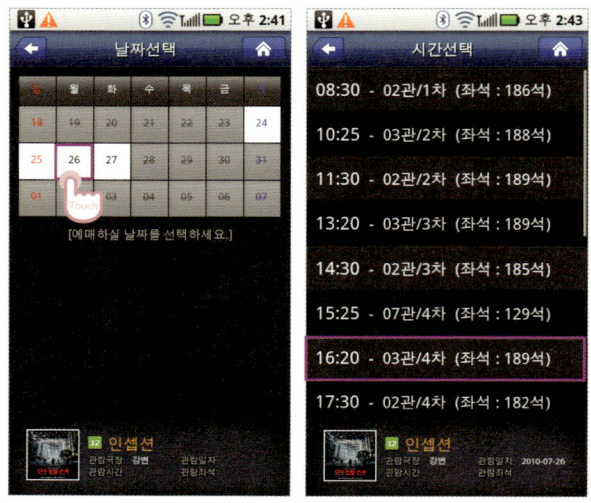

05. 예매 인원 수를 선택하고 [좌석 선택] 버
    튼을 누릅니다. 한 번에 예매할 수 있는
    최대 인원은 8명입니다.

❶ 예매 인원 선택
❷ 좌석 선택

06. 좌석을 선택합니다. 영화관 전체의 모습
    과 위치를 눈으로 보고 확인할 수 있습니
    다. 선택을 완료하면 [선택완료] 버튼을
    누릅니다.

❶ 좌석 선택

07. 선택 내용을 확인하고 [결제하기] 버튼을
   누릅니다.

08. 결제 수단으로는 신용카드와 휴대폰 결재
   를 사용할 수 있습니다.

09. 결제 내용을 입력하고 [결제하기] 버튼을 누르면 예매가 완료됩니다.

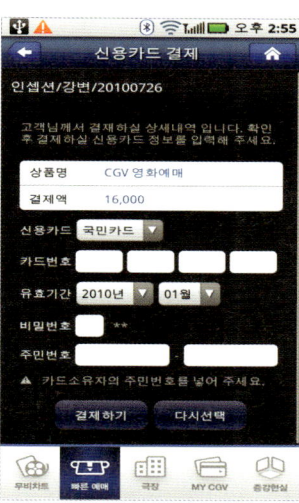

03 극장 정보

01. 극장 메뉴에서 극장의 위치와 상영 시간표 등을 확인할 수 있습니다.

05 트위터도 모른다고?
Twicca로 만나보자!

안드로이드폰용 트위터 클라이언트는 셀 수도 없이 많지만 그 중에서 가장 독보적인 것이 바로 Twicca입니다.

이 름	Twicca
제조사	Tetsuya Aoyama
가 격	무료
마켓 검색어	twicca

01. 처음에 Twicca를 실행하면 최종 사용자 라이센스에 동의를 해야하므로, [Agree] 버튼을 누릅니다. Disagree 버튼을 누르면 Twicca가 실행되지 않습니다.

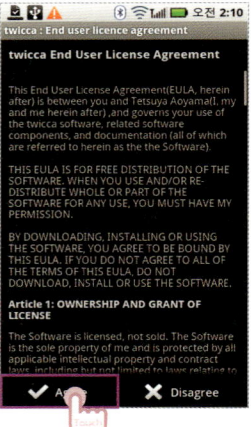

02. 트위터 아이디와 비밀번호를 입력하고 [로그인] 합니다.

tip_ 트위터 가입하기

트위터 아이디가 없을 경우 http://twitter.com/에 가입하면 트위터 아이디를 생성할 수 있습니다. 트위터는 가입 시 별도의 개인 정보를 요구하지 않기 때문에 생성에 제한이 없지만, 메일 주소 하나 당 한 번씩만 가입이 가능하며, 한 번 계정을 닫으면 다시 열 수 없으므로 주의해야 합니다. 단, 메일 주소가 아닌 계정 아이디 자체는 수시로 변경이 가능합니다.

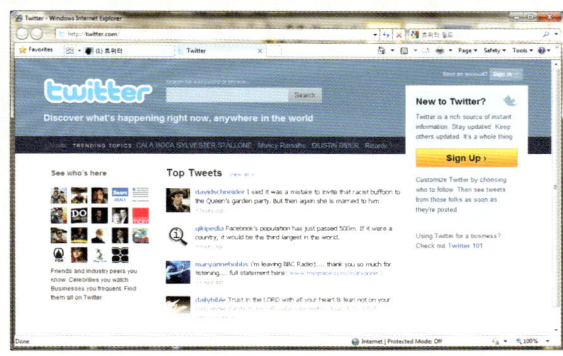

03. 인증 관련 안내 대화상자가 열리면 Continue 버튼을 눌러서 로그인합니다.

04. 타임라인이 열립니다.

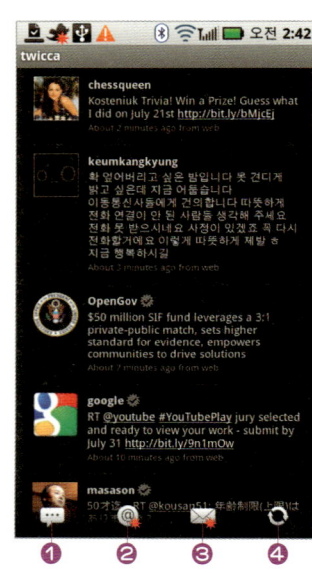

❶ 새 트윗 쓰기
❷ 멘션
❸ DM
❹ 새로 고침

05. 새 트윗 쓰기 아이콘을 눌러 트윗을 시작
합니다. 트위터에 대한 자세한 사항은
Twitter Help Center (http://support.
twitter.com/)나 twtkr의 도움말
(http://twtkr.com/help.php)을 참고하
시기 바랍니다.

ANDROID

06 트위터와 함께 즐거운 시간!
Twitter for Android

영어 애플리케이션인 Twicca가 부담스럽다면 한글 버전을 지원하고 있는 Twitter for Android 오피셜 버전을 사용해 보세요.

이 름	Twitter for Android
제조사	Twitter, Inc.
가 격	무료
마켓 검색어	Twitter

01. 트위터 아이디와 비밀번호를 입력하고 로 그인합니다. 아이디가 없다면 애플리케이 션에서 바로 만들 수 있습니다.

❶ 아이디 입력
❷ 비밀번호 입력
❸ 로그인
❹ 아이디가 없을 때 직접 가입할 수 있습니다.

02. 주소록에 트위터 친구를 등록할 것인지를 결정할 수 있습니다. 동기화 여부는 나중에 Twitter 설정에서도 변경할 수 있습니다.

설정을 완료합니다

03. 트위터 메인 메뉴가 나타납니다

❶ 새 트윗 쓰기
❷ 검색

04. 타임 라인을 보려면 이야기 아이콘을 누릅니다. Twicca에서는 로그인 직후 타임 라인이 바로 표시되는데 반해 Twitter에서는 이야기라는 별도 메뉴로 분리되어 있습니다.

❶ 새로 고침
❷ 트윗 쓰기
❸ 검색

05. 트윗 오른쪽의 [펼침 아이콘]을 누르면 트윗에 대한 답글(Reply)이나 입소문 (Retweet)을 낼 수 있습니다.

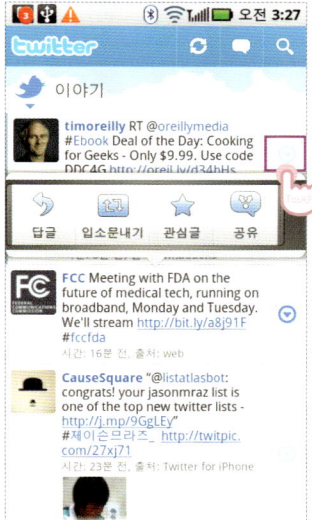

 CN2ROI2

07 페이스북으로 새로운 인맥쌓기
Facebook

Facebook은 Twitter와 함께 소셜 네트워크(Social Network)의 양대산맥이라고 할 수 있습니다.

이 름	Facebook for Android
제조사	Facebook
가 격	무료
마켓 검색어	Facebook

 **Facebook 시작하기**

01. Facebook을 시작하려면 먼저 라이센스 계약에 [동의]해야 합니다.

02. Facebook 가입 시에 사용했던 이메일과 비밀번호를 입력하여 Facebook에 로그인합니다.

❶ 이메일 입력
❷ 비밀번호 입력
❸ 로그인
❹ Facebook 계정이 없으면 이 버튼을 눌러 가입합니다.

03. 주소록에 Facebook 정보를 동기화할 것인지를 결정하고 [다음] 버튼을 누릅니다. 동기화 여부는 나중에 Facebook 설정에서도 변경할 수 있습니다.

04. Facebook을 효과적으로 사용하는 방법을 알려주는 화면입니다. [마침] 버튼을 누릅니다.

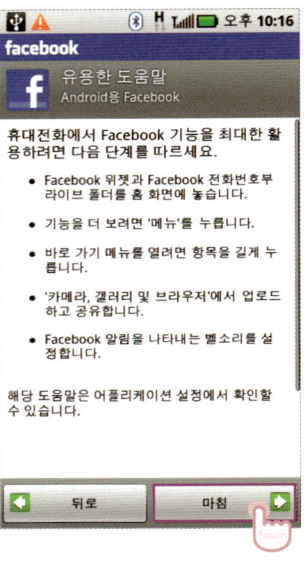

05. 내 친구들의 의견이 펼쳐집니다.

 내 프로필 보기

내가 Facebook에서 활동한 내역은 프로필에서 확인할 수 있습니다.

01. 메뉴 버튼을 누르고 [홈]을 선택합니다.

02. Facebook 홈 화면에서 [프로필]을 선택합니다.

03. 내 담벼락이 보입니다. 내 담벼락은 내가 말했던 의견들, 사진들 그리고 내 친구들이 내게 한 낙서 등이 모여있는 곳입니다.

04. 정보를 선택하면 내 생일과 이메일 주소 등의 개인 정보를 확인할 수 있고, 사진을 선택하면 내가 등록한 사진의 목록을 볼 수 있습니다.

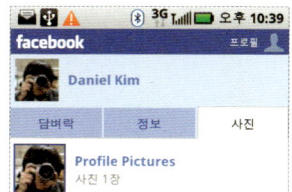

03 사진 업로드하기

Facebook은 모든 활동이 사진을 중심으로 이루어지기 때문에 사진의 관리가 매우 중요합니다.

01. Facebook의 홈 화면에서 [사진]을 선택합니다.

02. 앨범 목록이 나타납니다. 새 앨범을 만드려면 메뉴 버튼을 누르고 [새로 만들기]를 선택합니다.

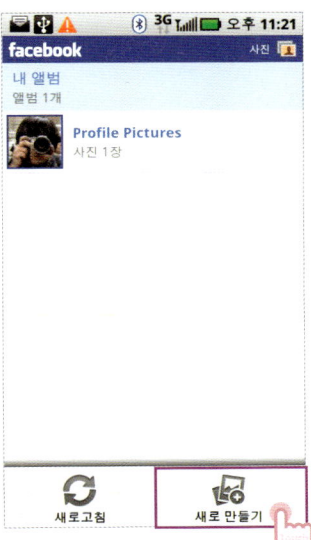

 tip_ FACEBOOK의 앨범과 사진

Facebook의 앨범은 최대 200개까지 사진을 저장할 수 있습니다. 일반적으로 사진을 사랑, 친구, 가족 등과 같이 성격을 부여하여 분류한다면 200개는 많이 부족한 숫자라고 할수 있습니다. 하지만 Facebook에서는 대부분 [2010년 여름 휴가], [장마철의 게으른 고양이]와 같이 성격이 아닌 시간이나 사건에 기반하여 앨범을 만듭니다. 사건 위주로 앨범을만들게 되면 의견을 첨부할 때도 사진이 아닌 앨범을 연동할 수 있어 매우 편리합니다.

03. 앨범의 이름과 위치 그리고 설명을 입력
하여 새 앨범을 만듭니다. 앨범의 공개 여
부도 설정할 수 있습니다.

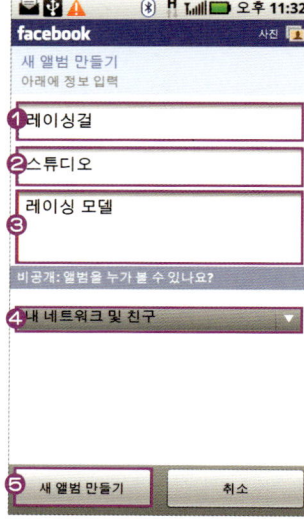

❶ 앨범 이름 입력
❷ 앨범 관련 위치 입력
❸ 앨범 설명 입력
❹ 앨범 공개 대상 선택
❺ 새 앨범 만들기

04. 새로 만든 앨범을 선택합니다.

05. 메뉴 버튼을 누르고 사진 찍기나 사진 올리기를 선택하여 앨범에 사진을 등록합니다.

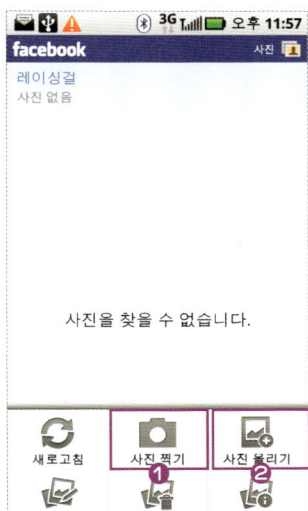

❶ 카메라로 사진을 찍은 후 바로 앨범에 추가합니다.
❷ SD 카드의 사진을 앨범에 추가합니다.

06. 사진의 제목을 입력하고 [업로드] 버튼을 누르면 사진이 업로드됩니다.

사진 이름 입력

04 담벼락에 낙서하기

담벼락에 낙서를 하는 것으로 내 생각을 남에게 알릴 수 있습니다.

01. 담벼락에서 입력 상자에 의견을 입력하고
[공유] 버튼을 누릅니다.

❶ 사진을 찍어 의견에 첨부합니다.
❷ 의견을 입력합니다.
❸ 의견을 공유합니다.

02. 의견이 담벼락에 게시되었습니다.

의견이 첨부되었습니다.

08 문자보다 메신저! Palringo

> Palringo(팔링고)는 친구(Pal) + 모임(Ring) + 가다(Go)의 합성어로 PC를 포함한 다양
> 한 모바일 플랫폼을 지원하는 다기능의 메신저입니다.

이 름	Palringo Instant Messenger
제조사	Palringo
가 격	무료
마켓 검색어	Palringo

01 Palringo 실행하기

01. Palringo 아이디와 비밀 번호를 입력하고
Palringo에 로그인합니다. 아이디가 없다
면 Sign up for a Palringo ID를 선택하
여 새 아이디를 만들 수 있습니다.

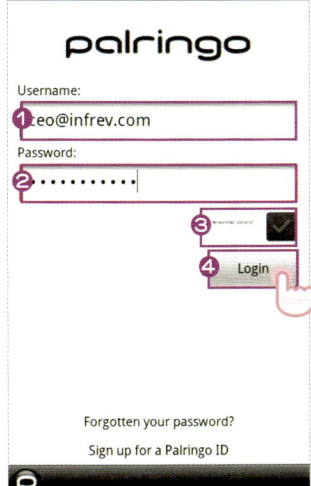

❶ 아이디 (이메일) 입력
❷ 비밀번호 입력
❸ 비밀번호 기억 설정
❹ 로그인

02. 로그인이 완료되면 현재 계정 연동 상태
와 메시지, 위치 정보 등이 표시됩니다.

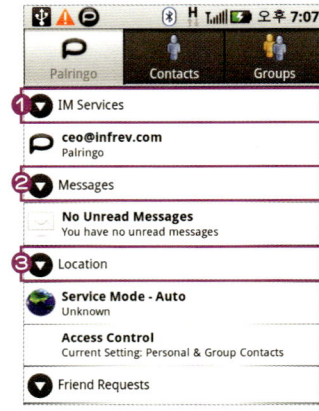

❶ 계정 연동 상태
❷ 메시지 확인 내역
❸ 현재 위치

 서비스 추가하기

Palringo는 Palringo 자체 메신저 서비스 뿐만 아니라 다양한 메신저 서
비스를 지원하고 있기 때문에 다른 인스턴트 메신저를 쓰고 있는 사람에
게 굳이 Palringo 서비스를 가입할 것을 권유할 필요 없이 쉽게 연락이
가능합니다. 현재 연동 가능한 메신저는 다음과 같습니다.

* Windows Live Messenger (MSN)
* AOL Instant Messenger (AIM)
* Yahoo! Messenger
* Google Talk
* ICQ
* Jabber
* iChat / MobileMe
* Gadu-Gadu
* Facebook Chat
* XMPP
* QQ

01. Palringo를 눌러 서비스 화면을 표시합니
다. 서비스 화면에서 메뉴 버튼을 누르고
[Add service]를 선택하면 서비스를 추
가할 수 있습니다.

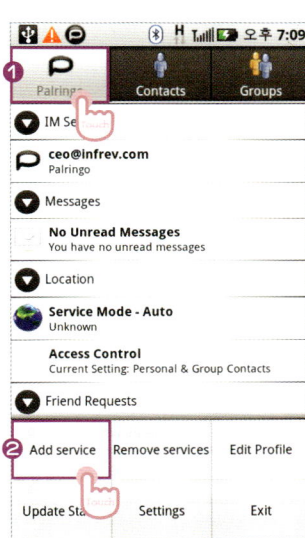

02. Select Service 대화 상자에서 추가할
서비스를 선택합니다.

03. 서비스 정보를 입력합니다. 비어 있는 곳
만 채워 넣은 다음, 기본적으로 채워져
있는 나머지 정보는 그대로 놓아둡니다.
입력을 완료하면 [Register] 버튼을 누릅
니다.

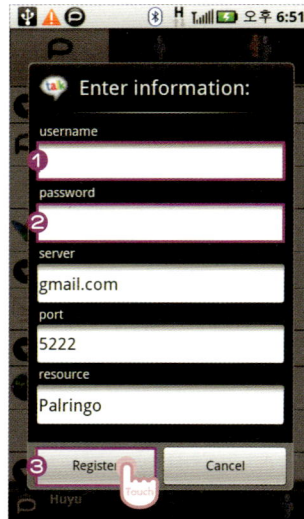

❶ 서비스 아이디 입력
❷ 서비스 비밀 번호 입력
❸ Register

04. 새 서비스가 추가되었습니다.

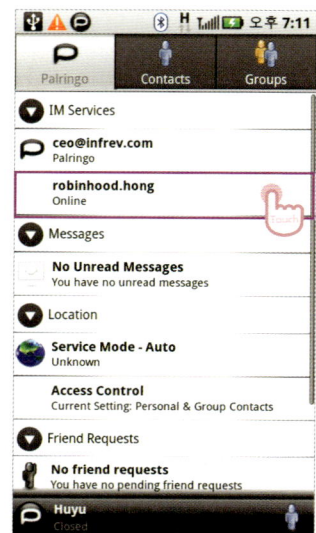

 03 친구 추가하기

서비스별로 친구를 관리하는 기능도 편리하게 사용할 수 있습니다.

01. Contacts를 눌러 연락처 화면을 표시합니다. 연락처 화면에서 메뉴 버튼을 누르고 [Add contact]를 선택하면 친구를 추가할 수 있습니다.

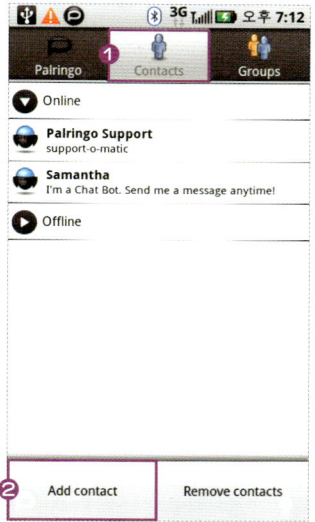

 04 대화하기

01. Contacts를 눌러 연락처 화면을 표시하고 대화하고자 하는 친구를 선택합니다.

수신자 선택

02. 문자로 된 메시지 뿐만 아니라 사진도 전
    송 가능합니다.

09 내 위치를 알려주마!
Foursquare

Foursquare는 트위터나 Facebook과 유사한 소셜 네트워크 시스템(SNS) 중 하나입니다. 단지 트위터나 Facebook이 내게 지금 무슨 일이 일어났는지(What's Happening?)를 중요시한다면 Foursquare는 내가 어디에 있는지(Where are you?)가 중요한 서비스입니다.

이 름	Foursquare
제조사	Foursquare
가 격	무료
마켓 검색어	Foursquare

01 Foursquare 실행하기

01. Foursquare의 아이디로 사용되는 이메일과 비밀 번호를 입력하여 [로그인]합니다. 민약 아이디가 없다면 [Need an account?]를 선택하여 새 아이디를 만들 수 있습니다.

❶ 이메일 입력
❷ 비밀번호 입력
❸ 로그인
❹ 아이디가 없을 경우 누르면 아이디를 만들 수 있습니다.

⚠ USB 디버깅 연결됨

foursquare

Get Started
Got a foursquare account? We just need
your email or phone# and password

❶ ceo@infrev.com
❷ ••••••••••
❸ Log-in
❹ Need an account?

02. 나와 내 친구들의 체크인 현황을 볼 수 있습니다.

tip_ 체크인(CHECK-IN)

Foursquare의 모든 활동은 체크인의 연속이라고 할 수 있습니다. 호텔에 숙박을 하게 되면 안내 데스크에서 체크인을 하게 되는데, 일종의 등록 과정이죠. Foursquare도 마찬가지로 커피숍이나 학교 등 어떤 장소를 방문하게 되면 체크인을 해야 합니다. 장소 방문 확인인 셈이지요. 체크인을 많이 하게 되면 그에 따라 뱃지(Badge)로 보상을 받게 되고, 특정 장소에 가장 많이 방문한 경우에는 해당 장소의 메이어(Mayor), 즉 주인이 될 수도 있습니다.

 내 정보

01. 내 정보를 살펴보려면 Me를 선택합니다. 이 화면에서는 내가 메이어인 장소도 확인할 수 있고, 내 뱃지도 구경할 수 있습니다.

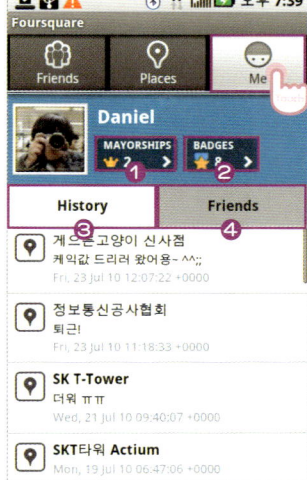

❶ 내가 메이어인 장소의 갯수
❷ 내 뱃지의 갯수
❸ 내 체크인 이력
❹ 내 친구 목록

02. [Friends]를 선택하면 내 Foursquare 친구의 목록과 친구 정보를 볼 수 있습니다.

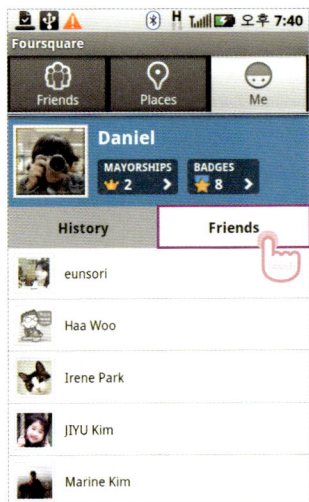

237

03. 내 정보 화면에서 [MAYORSHIPS]를 누르면 내가 메이어인 장소를 확인할 수 있습니다.

04. 내 정보 화면에서 [BADGES]를 누르면 내가 획득한 뱃지를 확인할 수 있습니다.

05. 뱃지에 대한 정보를 보려면 뱃지를 누릅니다. 예를 들어 Super User 뱃지는 한 달에 30곳 이상을 방문하면 받을 수 있습니다.

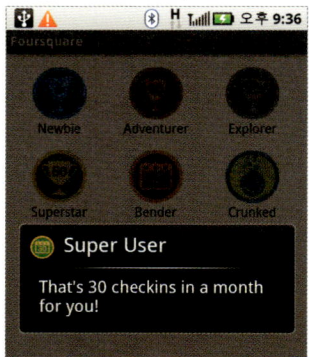

 체크인

본격적으로 체크인하는 방법을 알아봅시다.

01. [Places]를 선택하면 현재 내가 있는 곳의 주변에 있는 장소가 표시됩니다. 위치 파악은 GPS 뿐만 아니라 Wi-Fi와 3G 네트워크를 모두 활용하기 때문에 대부분 정확한 장소를 파악할 수 있습니다. 장소 목록에서 내가 실제로 현재 있는 장소 또는 향하고 있는 장소를 선택합니다.

02. 선택한 장소의 정보가 표시됩니다. 현재 Mayor의 정보도 확인할 수 있습니다. 체크인을 하려면 [QUICK CHECK-IN HERE] 버튼을 누릅니다.

현재 메이어

03. 체크인이 완료되면 현재 체크인 횟수가
표시됩니다.

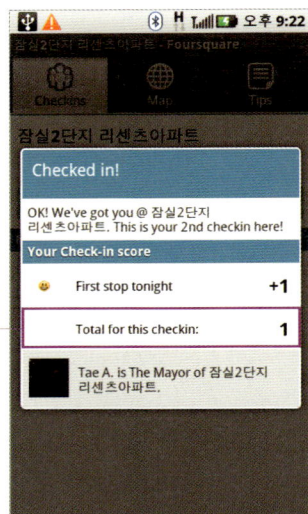

현재 체크인 횟수

04. [Map]을 선택하여 체크인하는 장소의 실
제 위치를 확인할 수 있습니다.

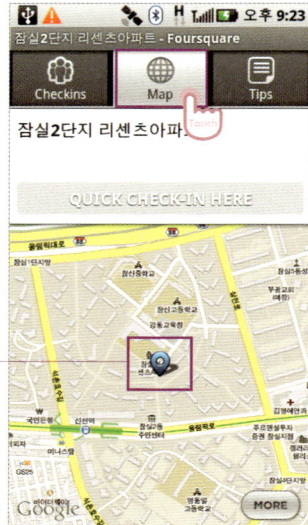

자신이 있는 실제 위치

추가 정보 기록하기

Tips를 선택하면 체크인하는 장소에 대한 추가 정보나 내가 해야할 일을
확인할 수 있습니다.

01. 새로운 정보를 추가하려면 메뉴 버튼을
    누르고 [Add a Tip]을 선택합니다.

02. 추가 정보를 입력하고 [Add] 버튼을 누
    릅니다.

❶ 추가 정보(Tip)와 내가 할 일(To Do)
  중 하나를 선택합니다.
❷ 추가 정보를 입력합니다.
❸ 정보를 등록합니다.

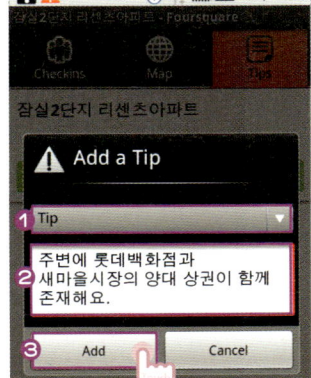

03. 정보가 추가되었습니다.

추가된 정보

06 새로운 장소 등록하기

체크인하려는 장소가 Foursquare에서 검색되지 않을 경우 새로운 장소
를 등록할 수 있습니다.

01. Place 화면에서 메뉴 버튼을 누르고
[Add Venue]를 선택합니다.

02. 장소 이름과 위치 정보 등을 입력한 후
[Add Venue] 버튼을 누릅니다.

❶ 정보 입력

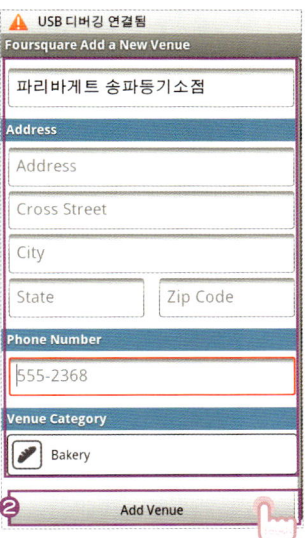

03. 새로운 장소가 추가되어 체크인할 수 있
게 되었습니다.

새로운 장소 추가

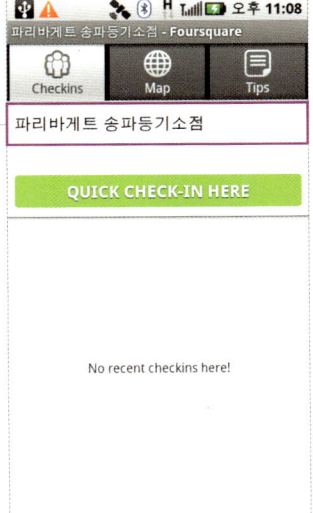

android

10 그 외에 유용한 애플리케이션

01 DOLPHIN BROWSER HD

Dolphin Browser HD는 안드로이드폰 최강의 인터넷 브라우저입니다. 속도가 매우 빠르며 탭 기능, 제스처 브라우징, 핀치 확대/축소 기능 등을 지원합니다.

이 름	Dolphin Browser HD
제조사	Dolphin Browser
가 격	무료
마켓 검색어	Dolphin

02 OVJET

오브제는 휴대폰 카메라로 보는 실제 화면 위에 실시간으로 다양한 정보를 결합하여 보여주는 증강 현실 (Augmented Reality) 서비스입니다. 내가 보고 있는 모든 것에 대해 유용한 정보를 얻을 수도 있고, 친구들과 함께 이야기할 수도 있을 뿐 아니라, 내 주변에 있는 오브제를 검색하고, 친구를 찾고, 내 추억이 담긴 새로운 오브제를 만들어 나만의 오브제로 간직하실 수도 있습니다.

이 름	오브제 OVJET
제조사	Kiwiple Inc.
가 격	무료
마켓 검색어	Ovjet

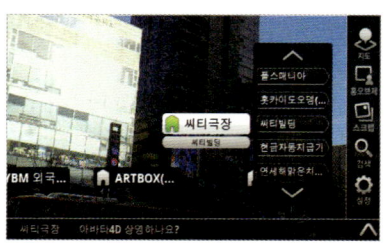

 **DISKUSAGE**

DiskUsage는 SD 카드의 폴더별 사용량을
일목요연하게 보여주는 작은 애플리케이션입
니다.

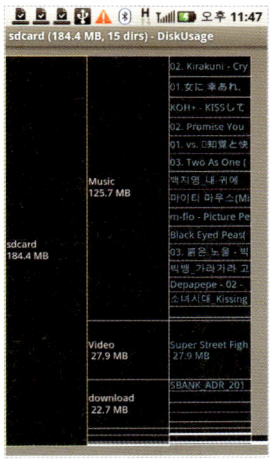

이 름	DiskUsage
제조사	Ivan Volosyuk
가 격	무료
마켓 검색어	diskusage

 BARCODE SCANNER

Barcode Scanner는 카메라를 통해 보이는 바코드와 QR 코드 정보를 알
려주는 애플리케이션입니다.

이 름	Barcode Scanner
제조사	ZXing Team
가 격	무료
마켓 검색어	Barcode

CHAPTER 9

내게 맞게
안드로이드폰 설정하기

지금까지 안드로이드폰을 둘러보면서 여러가지 애플리케이션 활용까지 알아보았습니다. 안드로이드폰은 사용자가 어떻게 사용하느냐에 따라 그 능력을 충분히 발휘할 수 있습니다.

01 비행 모드

비행기에서는 전파를 수발신하는 휴대폰의 전원을 꺼야만 합니다. 하지만 안드로이드폰을 비롯한 스마트폰은 전화 기능 뿐만 아니라 다른 많은 기능들을 포함하고 있기 때문에 전원을 완전히 꺼버리면 불편한 점이 많지요. 그래서 전파 및 비행에 방해가 될 수 있는 부분만 전원을 차단하는 비행 모드(Filght Mode) 또는 비행기 탑승 모드를 제공합니다.

01. 홈 화면에서 메뉴 버튼을 누르고 [설정]을 선택합니다.

02. 설정 화면에서 [무선 및 네트워크]를 선택합니다.

03. [비행 모드]를 선택하면 비행 모드로 전환되어, 전화, Wi-Fi 그리고 GPS의 전원이 모두 꺼집니다.

비행 모드임을 표시합니다.

ANDROID

02 데이터 초기화

안드로이드폰에 여러 애플리케이션을 설치하여 사용하다 보면 설정이 잘못되는 등의 문제로 인해 정상적인 사용이 불가능한 상태가 되는 경우가 있습니다. 이런 경우 안드로이드폰을 구입 상태로 초기화해야 합니다.

01. 설정 화면에서 [개인정보]를 선택합니다.

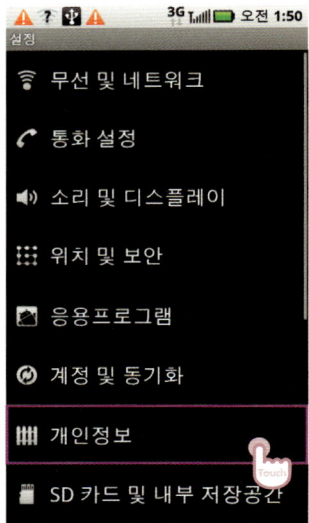

02. 개인정보 설정 화면에서 [기본값 데이터 재설정]을 선택합니다.

03. 기본값 데이터 재설정 화면에서 [휴대폰 재설정] 버튼을 누릅니다.

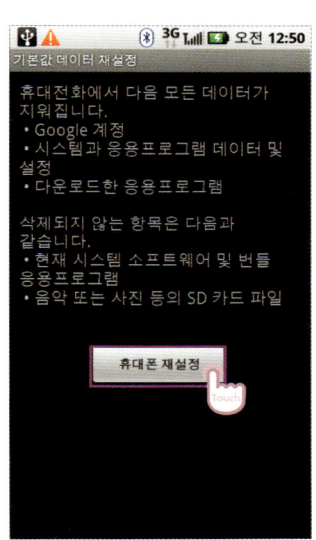

04. 잠금 비밀번호나 패턴이 설정되어 있는 경우 잠금을 해제해야 합니다.

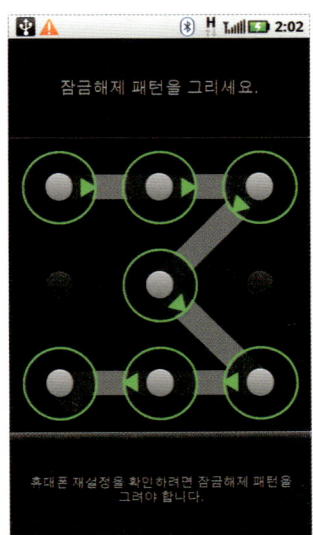

05. [모두 지우기] 버튼을 누르면 휴대폰이
초기화되면서 재시작됩니다.

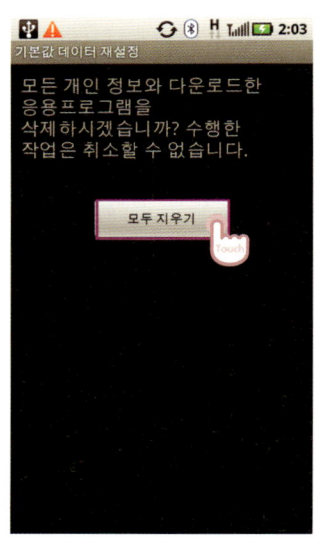

03 언어 변경

국내에서 판매되고 있는 대부분의 안드로이드폰은 한국어 뿐만 아니라 영어 환경에서 도 사용할 수 있습니다.

01. 설정 화면에서 [언어 및 키보드]를 선택합니다.

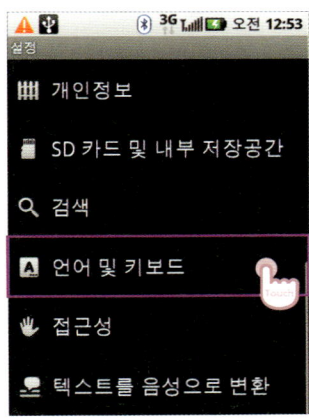

02. 언어 및 키보드 설정 화면에서 [언어 선택]을 선택합니다.

03. English와 한국어 중 사용할 언어를 선택합니다.

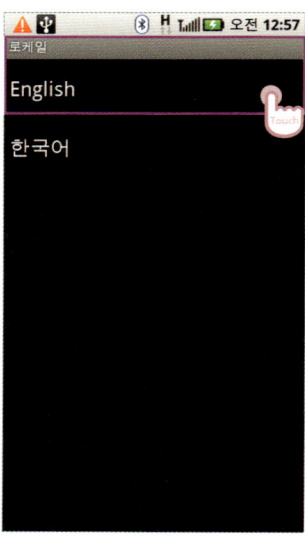

04. 언어가 변경되었습니다.

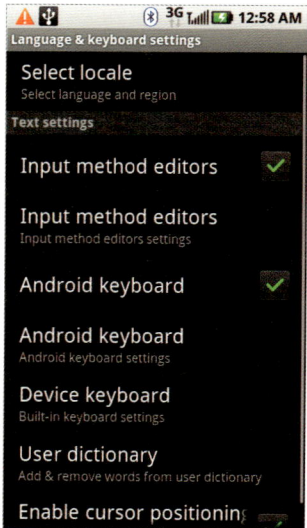

04 날짜와 시간 형식

날짜와 시간의 표시 형식을 개인의 취향에 맞게 설정할 수 있습니다.

01. 설정 화면에서 [날짜 및 시간]을 선택합니다.

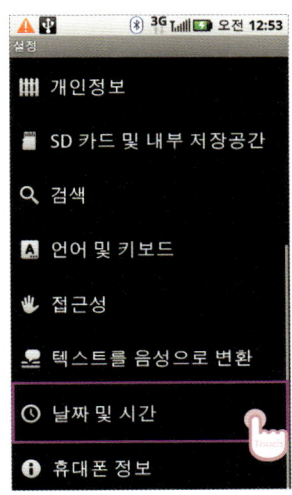

02. [24시간 형식 사용]을 선택하면 시간에서
오전/오후 표시가 사라지고 24시간 형식
으로 표시됩니다.

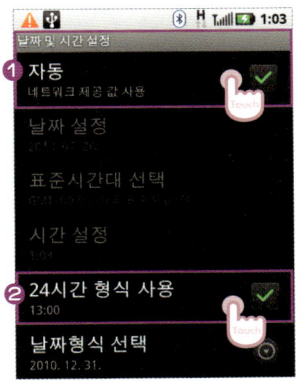

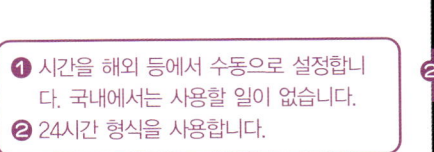

❶ 시간을 해외 등에서 수동으로 설정합니
다. 국내에서는 사용할 일이 없습니다.
❷ 24시간 형식을 사용합니다.

03. [날짜형식 선택]을 선택하면 날짜 형식을 선택하는 메뉴가 표시됩니다. 원하는 형식을 선택하면 이후 표시되는 날짜의 형식이 모두 변경됩니다.

05 화면 잠금 패턴

안드로이드폰에는 특별한 화면 잠금 방식이 있는데, 바로 패턴 잠금 방식입니다. 패턴 잠금이란 화면 잠금을 해제하기 위해서 화면 상에 특정한 도형을 그리는 잠금 방식을 말합니다.

01. 설정 화면에서 [위치 및 보안]을 선택합니다.

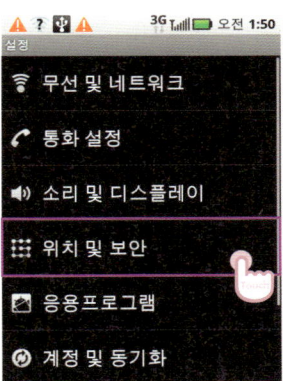

02. 위치 및 보안 화면에서 [전화 잠금 설정]을 선택합니다.

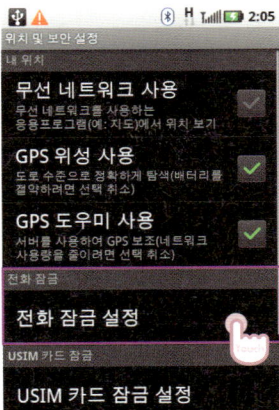

03. 전화 잠금 설정 화면에서 전화 잠금 방식을 패턴으로 변경하기 위해 [전화 잠금 방식]을 선택합니다.

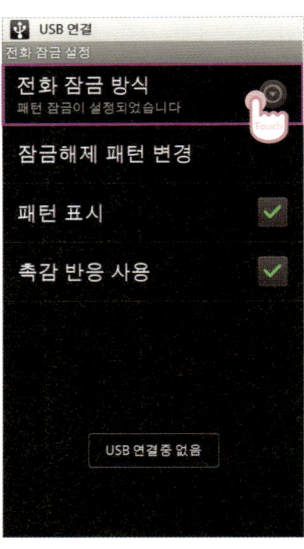

04. 전화 잠금 방식 메뉴에서 [패턴]을 선택합니다.

05. 잠금 해제 패턴을 그리는 화면입니다. 패턴은 점 4개를 원하는 형태로 연결하는 방식으로 구성됩니다. 그리는 도중에 손가락을 화면에서 떼면 안 되며, 잘못 그렸을 경우에는 다시 그릴 수 있으니 천천히 그리시면 됩니다.

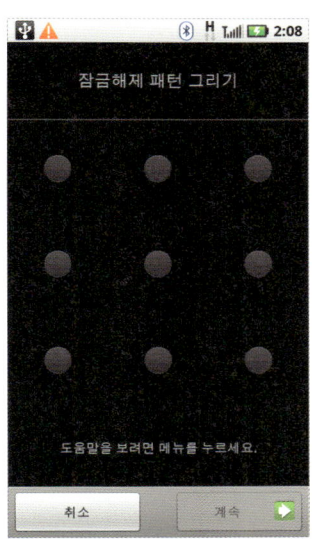

06. 패턴이 그려진 화면입니다. 패턴이 올바르게 그려졌으면 [계속] 버튼을 누릅니다.

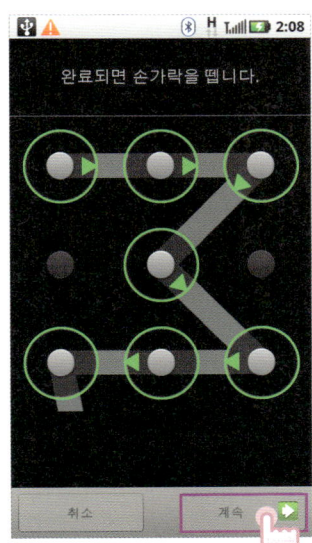

07. 같은 패턴을 다시 한 번 그리면 패턴 설정이 완료됩니다. [확인] 버튼을 눌러서 패턴 설정을 완료합니다.

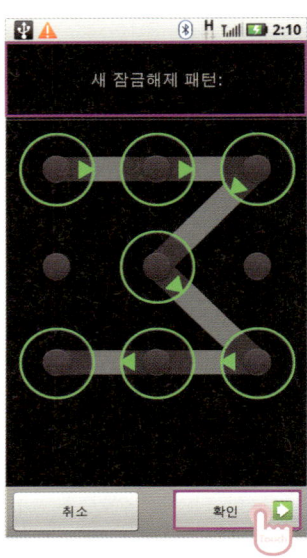

08. 잠금 화면에서 잠금 화면을 해제할 때 패턴을 사용하여 해제합니다.

09. 삼성 갤럭시 S 등 일부 제품에서는 잠
금 해제 패턴 설정이 장소 및 보안 화면
에 있는 경우도 있습니다.

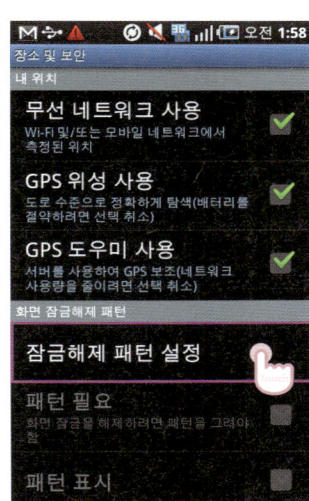

06 전화 정보 확인하기

현재 안드로이드폰의 버전 및 전화번호와 신호 등의 세기를 확인할 수 있습니다.

01 버전 정보 확인하기

01. 설정 화면에서 [휴대폰 정보]를 선택합니다.

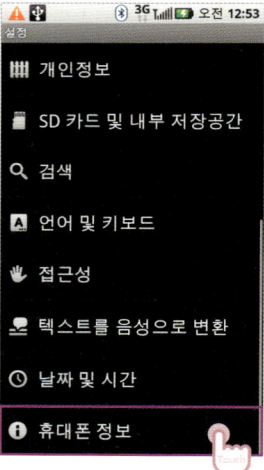

02. 휴대폰 정보 화면에서 소프트웨어 버전과 펌웨어 버전, 그리고 커널 버전을 확인할 수 있습니다.

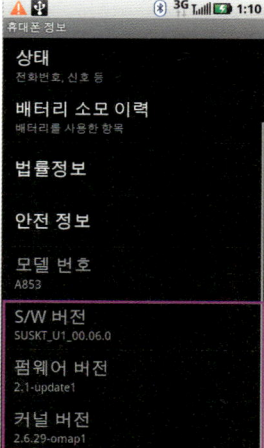

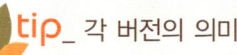 각 버전의 의미

- **S/W 버전**
  휴대폰 제조사가 빌드한 소프트웨어의 버전으로서, 동일 모델의 제품에서만 의미가 있는 정보입니다.
- **펌웨어 버전**
  안드로이드 OS의 버전으로서 2010년 7월 현재 최신 버전은 2.2인 프로요(Froyo)이며, 국내 제품은 대부분 2.1인 이클레어(Eclaire)입니다.
- **커널 버전**
  안드로이드 OS의 기반이 되는 리눅스 커널의 버전으로서, 일반적으로 안드로이드 OS 버전의 변화에 따라 변경됩니다.

 휴대폰 상태 확인하기

01. 휴대폰 정보 화면에서 [상태]를 선택합니다.

02. 상태 화면에서 배터리 상태를 비롯한 여러 가지 유용한 정보를 확인할 수 있습니다.

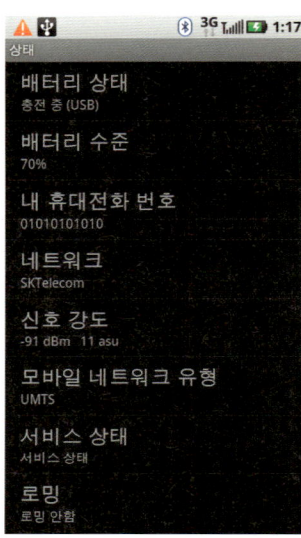

03 배터리 소모 이력

안드로이드폰에는 배터리를 많이 사용하는 애플리케이션을 찾아 알려줌으로써 배터리의 사용 시간을 늘릴 수 있도록 도움을 주는 기능이 포함되어 있습니다.

01. 휴대폰 정보 화면에서 [배터리 소모 이력]을 선택합니다.

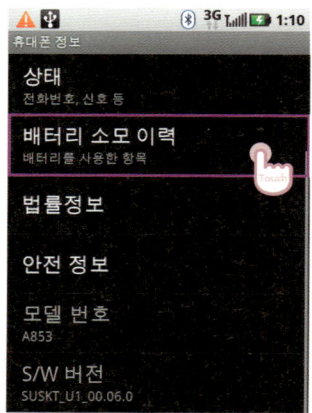

02. 전체 배터리를 사용한 애플리케이션의
    사용 비율이 표시됩니다. 상세 정보를
    보려면 해당 애플리케이션을 선택합니
    다.

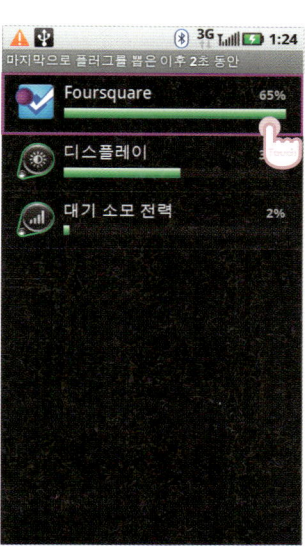

03 응용프로그램이 배터리를 사용한 시간과
   이유를 확인할 수 있습니다.

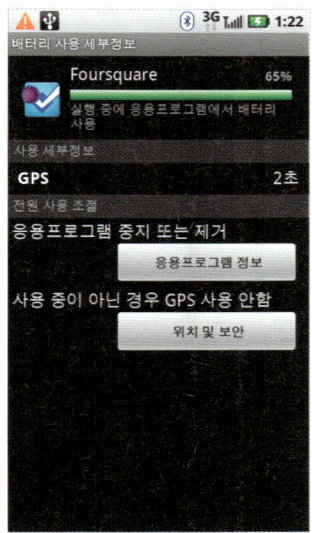

Index

 도서출판 이비컴의 실용서 브랜드 '이비락'은 더불어 사는 세상에 삶의
긍정적인 변화를 가져다 줄 유익한 책을 만들기 위해 끊임 없이 노력합니다.
원고 및 기획안 문의 : help@bookbee.co.kr